책 덮고
공부하기

"당신이 할 수 있다고 생각하든, 할 수 없다고 생각하든, 당신이 옳다."

– 헨리 포드

책 덮고 공부하기

펴 낸 날   2025년 1월 17일

지 은 이   정 철
펴 낸 이   이기성
기획편집   이지희, 서해주
표지디자인 이지희
책임마케팅 강보현, 김성욱
펴 낸 곳   생각의창
출판등록   제 2018-000288호
주   소   경기 고양시 덕양구 청초로 66, 덕은리버워크 B동 1708호, 1709호
전   화   02-325-5100
팩   스   02-325-5101
홈페이지   www.생각나눔.kr
이 메 일   bookmain@think-book.com

*생각의창은 도서출판 생각나눔의 어린이 책 브랜드입니다.

• 책값은 표지 뒷면에 표기되어 있습니다.
  ISBN 979-11-7048-817-0(03370)

정 철 지음

책 덮고 공부하기

공부의 진짜 시작은 책을 덮는 순간부터입니다

생각의창

목 차

제1장

공부란 무엇일까?

1.
공부는 왜 지루하고
어렵게 느껴질까?

많은 친구가 공부가 무엇인지, 공부는 어떻게 하는 것인지에 대해 배우지 못한 채 공부를 시작하는 경우가 많아요.

그 잘못은 아마 어른들에게 있는 것 같아요. 왜냐하면, 어른들이 여러분에게 생각하고 고민할 충분한 시간을 주지 않았기 때문이에요.

물론 어른들이 여러분을 괴롭히기 위해 공부하라고 하는 건 아니지만, 왜 달려야 하는지 이유도 모르고 하는 달리기가 여러분을 지치게 하지는 않을까 걱정이 됩니다.

우리나라는 공부에 대한 열정이 엄청나서 여러분이 고민하기도 전에 달리기가 시작됩니다. 그래서 여러분은 일상 속에서 학교와 학원이 시키는 대로 문제집을 풀고, 시험 준비를 하며 바쁘게 공부하고 있지요.

2.

공부란 무엇일까?

먼저, 여러분에게 질문할게요! 여러분이 생각하는 공부의 의미는 어떤 것인가요? 지금 바로 머릿속에 떠오르는 생각들을 적어 보세요.

....

....

....

....

....

공부는 단순히 성적을 위해서만 하는 것이 아니에요.

공부는 여러분이 세상에 대해 더 많이 알게 하고, 그 지식을 바탕으로 문제를 해결하는 능력을 키우는 과정이에요.

공부는 여러분의 미래를 준비할 때 꼭 필요한 열쇠와 같은 역할을 해요. 공부를 통해 다양한 지식과 기술을 배우면 더 많은 기회를 얻고, 내가 원하는 일을 할 수 있는 데 큰 도움이 돼요.

중요한 것은, 공부는 결국 내 삶을 더 잘 살아갈 수 있도록 만드는 힘이라는 것을 깨닫는 거예요.

여러분이 적은 답과 본문에서 설명한 공부의 의미를 비교해 보세요. 여러분이 생각한 공부와 비슷한가요, 아니면 새로운 점을 발견했나요? 공부가 단순히 성적을 올리기 위한 것이 아니라, 더 큰 의미가 있다는 것을 알게 되었나요?

3.

공부는 언제 시작될까?

이 책의 목적은 단순해요.

여러분이
공부가 무엇인지,
왜 공부를 해야 하는지,
어떻게 하면 공부를 잘할 수 있는지
생각해 보고 깨닫는 것이에요.

대부분의 친구들은 책을 읽고, 밑줄을 치고, 문제집 풀면 공부가 끝났다고 생각해요.

하지만 진짜 공부는 책을 덮고 나서 시작돼요.

내가 공부한 지식을 머릿속에서 천천히 떠올려 보고, 그것을 표현할 수 있을 때 '공부했다.'라고 할 수 있어요.

4.
문제집만 많이 풀면
공부를 잘할 수 있을까?

문제집을 많이 푼다고 해서 공부를 잘하게 되는 건 아니에요. 다른 사람이 시키는 대로 문제만 풀다 보면 문제만 푸는 기계가 되어 버릴 수도 있어요.

학원에 다니기 전에 먼저 혼자 공부해 보는 것이 정말 중요해요.

남들이 모두 다니니까 고민 없이 무조건 학원에 다니는 것은 여러분과 부모님 모두에게 부담될 수 있어요. 여러분이 학원에 갈 때마다 소고기를 내고 다닌다고 생각해 보세요. 학원에 다닌다는 것은 그만큼 경제적인 부담이 큰 거예요.

지나친 사교육으로 인해 가족과 함께할 시간은 줄어들고, 경제적 부담은 커지기만 하죠. 그 돈을 아껴서 은행에 넣어 둔다면 여러분이 20살이 되었을 때, 무엇을 할 수 있을까요? 여러분이 원하는 건 뭐든 할 수 있는 돈일 거예요. 한동안 매일 치킨이나 소고기를 먹을 수도 있겠죠. 아니면 세계 여행을 할 수도 있고요.

5.

재미있는 책이나 만화책을 읽는 것도 공부라고?

재미있는 책을 읽거나 만화책을 보는 것도 공부랍니다. 여러분이 책이나 만화 속에서 다양한 이야기를 접하면서 그 안의 캐릭터들이 왜 그런 행동을 했는지, 또 그 이야기가 전하고 싶은 메시지가 무엇인지를 고민하게 될 거예요. 이렇게 질문을 던지며 생각하는 과정이 바로 사고력을 키우고, 세상을 이해하는 중요한 공부랍니다.

예를 들어, '이 캐릭터는 왜 이런 결정을 내렸을까?', '이 이야기에서 가르쳐 주고 싶은 점은 무엇일까?'와 같은 질문을 던지다 보면 여러분의 생각은 더 깊어지고, 책 속의 세상을 진짜처럼 상상하며 이해하게 돼요. 이 과정에서 우리는 다른 사람의 입장이 되어 보기도 하고, 복잡한 문제를 어떻게 풀어 나갈지 상상해 보는 능력도 키울 수 있어요.

이런 경험은 나중에 친구들과 잘 지내거나 자신의 생각을 표현하는 데도 큰 도움이 됩니다. 여러분이 어떤 책을 읽든 만화 속에서 배우든, 이 모든 경험은 여러분의 생각과 상상력을 키워 주는 중요한 공부랍니다. 그러니 재미있는 활동도 세상을 이해하는 공부라는 점을 기억해 주세요!

6.
여러분은 이미 공부를 잘하고 있어요!

여러분에게 관심 있는 주제에 대해 이야기해 보라고 하면 얼마나 설명할 수 있을까요? 좋아하는 게임, 아이돌, 또는 재미있게 읽은 만화책에 대해 친구들에게 열심히 설명했던 적이 있지 않나요? 아마 설명할 때, 막힘없이 생생한 이야기와 자신만의 생각까지 덧붙여 가며 즐겁게 이야기했을 거예요.

이런 경험들이 바로 '공부'라는 걸 알고 있었나요? 우리가 좋아하는 주제에 대해 자연스럽게 배우고, 그 내용을 다른 사람에게 설명하는 모든 과정이 공부랍니다. 학습은 단순히 교과서에 있는 내용을 외우는 것만이 아니라, 자신이 관심을 갖고 탐구하는 것을 깊이 알아가고 그것을 다른 사람에게 풀어내는 것까지 포함해요.

예를 들어, 좋아하는 게임 속 캐릭터나 아이돌의 역사와 특징을 친구에게 설명하면서 자신도 몰랐던 새로운 점을 알게 되거나, 그 주제를 더 깊이 이해하게 된 경험이 있을 거예요. 또한 그 과정에서 설명을 더 잘하려고 노력하다 보면 나도 모르게 이해력과 표현력이 더 자라나게 됩니다.

그러니 여러분은 이미 여러 방면에서 공부를 잘하고 있는 거예요. 좋아하는 주제에 대한 지식이 늘어나고, 그것을 공유하면서 여러분의 세상도 더 넓어지는 걸 느껴 보세요. 이것이 바로 진정한 공부의 즐거움이랍니다!

Q. 여러분이 가장 좋아하는 주제는 무엇인가요?

....

....

....

....

Q. 그것에 대해 설명하거나 이야기할 때
특히 재미있었던 순간은 언제인가요?

....

....

....

....

제2장

공부는 왜 해야 할까?

1.
학교에서 배우는 과목들은 왜 중요할까?

'내가 좋아하는 것만 배우면 안 될까? 학교 공부는 왜 해야 할까?'라고 궁금해하는 친구도 있을 거예요. 충분히 그럴 수 있어요!

하지만 학교에서 배우는 과목들은 단순한 지식을 넘어, 세상을 이해하는 데 필요한 중요한 도구들이에요. 역사, 수학, 과학, 국어, 영어 등은 전 세계 사람들이 배우는 공통된 과목들이죠. 이 과목들 속에는 우리가 세상과 소통하고 더 잘 이해할 수 있는 중요한 내용이 담겨 있어요.

예를 들어, 집을 그릴 때 보통 지붕부터 그리지만, 실제 집을 지을 때는 바닥부터 시작하죠. 바닥 공사가 튼튼해야 더 안전하고 높이 쌓을 수 있기 때문이에요. 이처럼 학교에서 배우는 과목들은 여러분 지식의 '기초 공사'와도 같아요. 이 기본이 튼튼해야 하고 싶은 일을 할 때 더욱 높이 성장할 수 있답니다.

이렇게 쌓은 기초 지식은 여러분이 관심 있는 분야를 발견했을 때 깊이 파고드는 힘이 돼요. 지금 배우는 과학이 발명가가 되는 데, 수학은 게임 개발자가 되는 데, 국어와 미술은 웹툰 작가가 되는 데 도움이 될 수도 있죠.

또, 공부하는 방법을 익히면 나중에 어떤 일을 하게 되더라도 지금 배운 지식을 활용하고 문제를 해결하는 데 큰 도움이 될 거예요. 그럼 이제 효과적으로 공부하는 방법에 대해 알아볼까요? 이 과정이 여러분에게 큰 자산이 될 거라 확신해요!

그럼 이제, 정말로 효과적으로 공부하는 방법에 대해 알아보도록 해요. 이 과정이 여러분에게 엄청난 자산이 될 것이라 확신합니다!

2.

공부는 어떻게 세상을 열어 줄까?

공부는 세상을 더 깊이 이해하고, 그 속에서 재미와 의미를 찾는 과정이에요.

예를 들어, 마인크래프트를 하다 보면 단순한 재미만 아니라 건축과 자원 관리에 대해 배우게 돼요. 게임 속에서 나만의 세상을 창조하는 과정에서 창의력과 문제 해결 능력을 키울 수 있죠. 이런 경험은 나중에 현실 세계에서 건축가나 개발자가 되는 데도 도움이 될 수 있어요.

또, 아이돌에 관심이 많은 친구라면 아이돌에 대해 더 깊은 이해를 얻을 수 있어요. 어떤 아이돌이 인기가 많고, 어떻게 세계 팬들과 소통하는지 알게 되면 단순한 팬 활동이 아니라 그 세계를 더 깊이 이해할 수 있게 되죠.

여러분이 좋아하는 스포츠, 음악, 미술 등도 마찬가지로 여러분의 세상을 넓혀 주는 중요한 것들이에요. 여러분이 관심 있는 것들을 공부하면 그 주제와 관련된 더 넓은 세상이 열리게 돼요.

결국 세상은 우리가 아는 만큼 보이는 거죠. 축구에 관심 없는 친구에게 아무리 어떤 축구 선수를 얘기하더라도 그 친구는 축구라는 세상을 열지 않았기 때문에 모를 것입니다.

이처럼 공부는 새로운 세상을 여는 열쇠랍니다.

3.
공부가 재밌어질 수 있을까?

이 책을 통해 소개하는 학습법을 바탕으로 여러분은 자신만의 공부 방법을 더욱 발전시킬 수 있어요. 이 방법을 익히면 학원에 의존하지 않고도 공부를 더 잘할 수 있어요.

그리고 부모님이 다니라고 해서 억지로 다니는 것이 아니라, 내가 부족한 부분을 알고, 정말 필요해서 다니는 학원으로 만들 수 있어요.

더 나아가, 같은 시간을 공부하더라도 남들이 1시간 걸리는 공부를 여러분은 20분 안에 끝낼 수 있을 만큼 효율적인 학습법을 경험하게 될 거예요. 참고로, 학습 효율성을 6배 이상 높일 수 있다는 것은 여러 과학적 연구에서 증명된 바 있답니다.

공부에서 작은 성공의 경험을 느낀다면 여러분은 더 잘할 수 있는 에너지를 얻을 수 있어요. 작은 성공이 쌓이면 '나는 할 수 있다'는 생각이 생기고, 이것은 곧 자신감이 됩니다. 자신감은 자기 자신을 믿는다는 뜻이에요. 할 수 있다는 자신감은 여러분의 삶에서 정말 큰 보물이 될 거예요.

여러분도 내가 똑똑해지는 기쁨, 모르던 것을 알게 되는 즐거움, 그리고 내가 점점 더 성장하는 즐거움을 느끼길 바랍니다.

4.

어떻게 하면 공부가 더 효율적일까?

이 책은 크게 네 가지를 다룹니다.

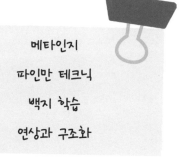

메타인지
파인만 테크닉
백지 학습
연상과 구조화

무슨 말인지 잘 모르겠다고요?

모르는 게 당연하죠. 괜찮아요. 책을 읽다 보면 자연스럽게 알게 된답니다. 여러분이 쉽게 이해할 수 있도록 간단하게 설명될 거예요.

중요한 것은 이 네 가지 모두가 강조하는 점은 바로 '책을 덮고 나서' 공부가 시작된다는 것이에요. 이 점을 바탕으로 하나의 학습 흐름을 알려 주고, 구체적인 학습 방법을 소개할 거예요. 또한 여러분이 스스로 연습할 수 있도록 다양하게 훈련할 예정이에요.

문제라고 하니 긴장되나요? 전혀 긴장할 필요 없어요. 여러분은 배워가는 단계이고, 틀리는 게 당연합니다. 중요한 건 여러분이 책을 읽고 나아가면서 모르는 것을 알아가는 것이에요. 그러니 편안하게 읽기를 바랍니다.

제3장

메타인지

1.
메타인지가 뭐지?

메타인지는 내가 뭘 알고 있고, 뭘 모르는지 스스로 아는 능력이에요. 쉽게 말해, 내가 아는 것과 모르는 것을 구별할 수 있다는 거죠.

예를 들어 공부할 때 '이건 내가 잘 이해했어.'라고 느낄 때가 있잖아요? 그게 바로 메타인지를 사용하는 순간이에요.

반대로 '이건 잘 모르겠어.'라고 생각될 때는, 어느 부분에서 더 공부가 필요한지 스스로 알게 해 주는 메타인지가 작용하는 거예요.

'내 생각을 생각하는 것.'

메타인지는 간단히 말하면 '내 생각을 생각하는 능력'이에요.

숙제하다가 '이 문제는 왜 이렇게 풀었지?'라고 스스로에게 질문해 본 적 있나요? 그게 바로 메타인지를 사용하는 거예요. 우리는 그냥 생각만 하는 게 아니라 내가 어떤 생각을 하고 있는지, 그 생각이 맞는지 스스로 점검할 수 있는 능력을 가지고 있어요.

2.

시험 준비하는 민호

시험이 얼마 남지 않은 민호는 수학 시험 준비에 열심히 몰두하고 있었어요. 문제집을 풀다 보니 어떤 문제는 금방 풀리는데, 어떤 문제는 계속 틀리는 거예요.

민호는 잠시 멈추고 생각했어요. '왜 이 문제는 자꾸 틀리지? 내가 뭘 잘못 이해하고 있는 걸까?' 민호는 스스로 어디에서 실수하고 있는지 생각해 보고, 그 부분을 다시 공부하기로 결심했어요. 민호가 이렇게 자신의 실수를 찾아내고, 부족한 부분을 알아차린 것이 바로 '메타인지'예요.

덕분에 민호는 부족한 부분을 다시 공부해서 시험에서 좋은 성적을 받을 수 있었답니다. 이처럼 메타인지는 우리가 무엇을 더 공부해야 할지 알려 주는 중요한 능력이에요.

3.

자전거 배우는 철수

철수는 자전거를 배우기로 결심했습니다. 친구들이 자전거를 타는 걸 보고 자기도 쉽게 탈 수 있을 거라고 생각했지만, 막상 자전거에 올라타니 자꾸 넘어지고 말았습니다. 자전거 타는 게 생각보다 어렵다는 걸 깨달은 철수는 '내가 뭘 잘못하고 있지?' 하고 스스로 질문하기 시작했습니다.

철수는 넘어질 때마다 자기가 잘못한 부분을 생각해 봤습니다. '아, 내가 핸들을 너무 세게 잡았구나', '페달을 천천히 밟아야 하는구나!'

이렇게 스스로 어떤 부분이 부족한지 알아차리고 고치려는 것이 바로 메타인지입니다. 메타인지는 내가 무엇을 알고 있고, 무엇을 모르는지 생각해 보는 능력입니다.

철수는 넘어질 때마다 '왜 넘어졌을까?'를 생각하며 자전거 타는 방법을 조금씩 고쳐 나갔습니다. 덕분에 점점 자전거 타는 실력이 좋아져서 나중에는 친구들과 신나게 자전거를 탈 수 있게 되었어요.

이처럼 메타인지를 활용하면 자기가 잘하는 것과 못하는 것을 스스로 알게 되고, 그걸 바탕으로 더 잘할 수 있게 됩니다.

4.

사례에 나온 민호와 철수처럼
메타인지를 활용했던 경험을 한번 적어 보세요!

5.
메타인지는 왜 중요할까?

  메타인지는 공부할 때 아주 중요한 능력이에요. 왜냐하면, 스스로 어떤 부분을 알고 있고, 어떤 부분이 부족한지 알게 되면 더 효율적으로 공부할 수 있기 때문이죠. 내가 모르는 것을 먼저 채워 나갈 수 있게 말이에요.

  예를 들어, 여러분이 게임을 하다가 계속 지는 상황을 떠올려 보세요. 처음에는 무작정 시도하겠지만, 같은 부분에서 반복해서 지면 '왜 자꾸 여기서 질까?' 하고 스스로 생각해 보게 될 거예요. 그 과정에서 자신의 실수를 찾고, 전략을 바꿀 방법을 생각하게 되겠죠? 공부도 이와 똑같아요. 메타인지를 사용하면 내가 잘 이해하지 못한 부분이나 실수를 스스로 찾아내고, 그걸 고쳐서 더 잘할 수 있게 돼요.

  메타인지가 중요한 또 다른 이유는 자기 주도 학습 능력을 키워 주기 때문이에요. 내가 무엇을 알고 있고, 무엇을 모르는지를 알면 더 이상 누군가에게 의존하지 않고도 스스로 공부 계획을 세울 수 있거든요. 예를 들어, 수학에서 특정 문제를 풀 때 어디서 막히는지 스스로 파악하고, 그 부분을 다시 공부한다면 더욱 효과적으로 실력을 키울 수 있어요.

이처럼 메타인지는 단순히 공부뿐 아니라 우리가 일상에서 부딪히는 다양한 문제를 해결하는 데도 큰 도움이 돼요. 실수를 통해 배우고, 성장해 나가는 힘이 바로 메타인지랍니다.

6.
메타인지는 어떻게 키울까?

메타인지를 키우는 방법은 스스로에게 질문을 던지는 것이에요!

'이 문제는 내가 잘 이해했나?', '어디가 어려울까?', '다시 공부해야 할 부분은 어디지?' 이렇게 스스로에게 자주 질문해 보세요.

그러면 민호처럼 공부할 때 부족한 부분을 빠르게 찾아내고, 실수를 바로잡을 수 있을 거예요.

그러나 스스로 질문을 던지는 건 생각보다 정말 어렵죠. 그래서 우리는 '파인만 테크닉'을 활용할 거예요! 이 방법은 여러분이 다른 사람에게 설명해 보면서 자연스럽게 스스로에게 질문을 던지고, 부족한 부분을 찾아낼 수 있게 도와줍니다.

다음 페이지에서 파인만 테크닉을 한번 알아봅시다.

제4장

파인만 테크닉

1.
파인만 아저씨는 누구일까?

　파인만 아저씨, 본명 리처드 파인만은 정말 똑똑한 과학자였어요. 물리학자로서 노벨상도 받을 만큼 대단한 사람이었죠!

　하지만 그가 유명해진 이유는 단순히 똑똑해서가 아니에요. 파인만 아저씨는 어려운 과학 이야기도 아주 쉽게 설명하는 능력이 있었어요. 그래서 동료 과학자와 친구들에게 복잡한 내용을 쉽게 알려 주곤 했답니다. 과학자들이 가장 존경하는 과학자가 아인슈타인이라면, 가장 사랑하는 과학자는 바로 리처드 파인만이라고 할 만큼요.

　마이크로소프트를 만든 빌 게이츠 아저씨도 파인만 아저씨를 존경했어요! 빌 게이츠는 파인만 아저씨의 강의를 듣고 책을 읽으면서 그의 쉬운 설명 방식에 감탄했다고 해요.

2.
파인만 아저씨의 일화

📝 1) 파인만 아저씨와 금고

파인만 아저씨는 호기심이 정말 많았어요. 한번은 동료의 금고를 열어 보고 싶어져서 금고 비밀번호를 추리해 금고를 열었어요. 그리고 장난삼아 금고 안에 세 장의 메시지를 남겼죠.

첫 번째 서랍에는 "이것도 다른 것만큼 열기 쉽군."
두 번째 서랍에는 "서류 빌려 간다. – 금고 털이 파인만"
세 번째 서랍에는 "번호가 다 똑같으면 다른 것도 열기 쉽다."라고 써 놨어요.

나중에 친구가 금고를 열었는데, 세 번째 서랍부터 열었어요! 친구는 처음에 산업 스파이가 자료를 가져갔을까 봐 겁에 질렸어요. 파인만 아저씨는 그때 친구의 얼굴이 새하얗게 질리는 것을 보고 정말 놀랐다고 해요.

다행히 친구가 두 번째 서랍을 열고 나서 파인만 아저씨가 장난쳤다는 걸 알고 안도했다고 해요. 파인만 아저씨는 멀리서 지켜보다가 친구가 때릴까 봐 슬금슬금 도망가고 있었다고 합니다.

📌 2) 노벨상 수상 거부 사건

1965년에 파인만 아저씨는 노벨 물리학상을 받았어요. 그런데 사실 파인만 아저씨는 노벨상을 받는 걸 별로 좋아하지 않았어요. 유명해지고, 권위를 얻는 걸 귀찮아했기 때문이죠.

파인만 아저씨는 노벨상을 안 받으려 했지만, 한 기자가 "노벨상을 안 받으면 오히려 더 유명해질 거예요."라고 해서 마지못해 상을 받았다고 해요.

노벨상 수상 소식을 새벽에 전화를 받아 알게 되었을 때, 파인만 아저씨는 "지금이 몇 시인 줄 알아요?"라며 전화를 끊었다는 재미있는 일화도 있어요.

📌 3) 파인만 아저씨의 장난스러운 유언

파인만 아저씨는 마지막 순간까지도 장난기 가득했어요. 아저씨가 병으로 자리에 누워 있을 때도 가끔 눈을 감고 죽은 척을 했다가 "나 아직 안 죽었어."라고 말하며 농담을 하곤 했어요.

그리고 파인만 아저씨는 이런 유언을 남겼어요.
"두 번은 못 죽겠다. 너무 지루하거든."

그만큼 파인만 아저씨는 마지막까지도 유쾌하게 살았던 사람이었어요.

3.

'파인만 테크닉'이 뭘까?

파인만 아저씨는 쉽게 설명하는 능력을 바탕으로 '파인만 테크닉'이라는 특별한 공부 방법을 만들었어요. 방법은 아주 간단해요.

1) 내용을 간단히 정리하기

여러분이 공부한 내용을 간단하게 정리해 보세요. 배운 내용이나 개념을 한두 문장으로 요약하는 것이 중요합니다. 중요한 포인트를 잡아내는 연습을 하면서 공부한 내용을 정리합니다.

2) 남에게 설명해 보기

정리한 내용을 누군가에게 설명해 보세요. 상대방이 아무것도 모른다고 가정하고, 최대한 쉽게 설명하려고 노력하세요. 친구나 가족에게 이야기하듯, 또는 상상 속에서 누군가에게 설명한다고 생각해도 좋아요! 설명하는 과정에서 여러분이 얼마나 깊이 이해했는지를 확인할 수 있습니다.

3) 모르는 부분 다시 공부하기

설명하다가 막히는 부분이나 헷갈리는 부분이 있으면, 그것은 아직 완전히 이해하지 못한 부분입니다. 그 부분을 다시 공부해서 확실하게 이해한 후에, 더 쉽게 설명할 수 있도록 준비합니다.

✎ 4) 다시 설명하기

다시 한번 쉽게 설명해 보세요. 설명할 때는 간결하고 명확하게, 상대방이 완전히 이해할 수 있도록 설명하는 것이 목표입니다.

파인만 테크닉(Feynman technic)으로 학습하기

1
내용을 간단히
정리하기

2
남에게
설명해 보기

3
모르는 부분
다시 공부하기

4
다시 설명하기

4.
예시로 이해해 볼까?

📝 1) 엄마, 아빠에게 '뉴진스' 설명하기

나: 엄마, 아빠, 요즘 뉴진스 진짜 인기 많은 거 알아요?

엄마: 뉴진스? 그게 뭐야?

나: 뉴진스는 아이돌이에요! 요즘 인기 엄청 많아요.

엄마: 그러니? 요즘 아이돌은 너무 많아서 모르겠네.

나: 엄마, 뉴진스는 소녀시대나 핑클처럼 요즘 아이돌 중에서 엄청 인기가 많은 그룹이에요! 특히 노래도 신나고, 스타일도 독특해서 많은 사람이 좋아해요.

아빠: 아, 소녀시대나 핑클처럼 유명한 그룹이구나. 그럼 뉴진스도 대단한 아이돌이겠네.

나: 맞아요! 엄마랑 아빠가 예전에 좋아했던 아이돌처럼 요즘은 뉴진스가 사람들한테 인기 많아요!

✎ 2) 어린 동생에게 '더하기' 설명하기

나: 동생아, 더하기가 뭐냐면 숫자를 더해서 새로운 숫자를 만드는 거야. 자, 한번 해 보자. 여기 초콜릿 두 개가 있지?

동생: 응, 두 개 있어.

나: 그럼 이제 두 개를 더해 볼게. 다시 두 개를 더하면 초콜릿이 몇 개가 될까?

동생: (잠시 생각) 음…, 다섯 개?

나: 아니야. 자, 이렇게 생각해 봐. 하나, 둘. 그럼 여기 두 개 있고, 또 하나, 둘. 이걸 더하면 모두 몇 개가 될까?

동생: (세면서) 하나, 둘, 셋, 넷. 아! 네 개!

나: 맞아! 이렇게 초콜릿 두 개에 두 개를 더하면 네 개가 되는 거야. 이게 바로 더하기야!

동생: 오, 알겠다! 그럼 세 개에 두 개 더하면?

나: 그럼 세어 볼까? 세 개에 두 개를 더하면 하나, 둘, 셋, 넷, 다섯! 다섯 개가 되는 거야!

5.

내가 관심 있는 것을 설명하거나
내가 무언가를 설명했던 경험을 적어 보세요!

Q. 내가 관심 있는 것을 설명했던 경험을 적어 보세요.

....

....

....

....

Q. 무언가를 설명했던 경험을 적어 보세요.

....

....

....

....

6.
파인만 테크닉이 왜 좋을까?

파인만 테크닉이 좋은 이유는, 단순히 암기하는 것이 아니라 설명을 하면서 내가 진짜로 이해하고 있는지 확인할 수 있게 해 주기 때문이에요. 우리가 공부한 내용을 다른 사람이 이해할 수 있도록 쉽게 설명할 수 있다면 그건 정말로 그 내용을 제대로 이해했다는 뜻이죠.

하지만 만약 설명이 어렵거나 헷갈리기 시작한다면 그것은 우리가 아직 그 내용을 완전히 이해하지 못했다는 신호예요. 그래서 파인만 테크닉을 사용하면 스스로의 이해도를 점검하면서(메타인지), 부족한 부분을 채워 나갈 수 있어요. '메타인지'를 자연스럽게 실천할 수 있는 방법이 바로 '파인만 테크닉'이에요.

즉, 다른 사람에게 설명하면서 내가 스스로 질문하지 않아도 내가 아는 것과 모르는 것을 자연스럽게 알 수 있답니다.

그런데 만약 주변에 설명할 사람이 없으면 어떻게 할 수 있을까요? 혼자서 설명하는 건 좀 어색하기도 하고, 그럴 때는 어떻게 하면 좋을까요?

사실, 꼭 누군가에게 설명하지 않아도 '파인만 테크닉'을 효과적으로 사용할 수 있는 방법이 있어요. 바로 '백지 학습법'이에요. 이 방법은 설명할 사람이 없을 때도 자신이 공부한 내용을 정리하고, 머릿속에서 꺼내어 설명하는 데 아주 효과적입니다.

백지 학습법은 설명할 사람이 없을 때도 자신의 이해도를 점검하는 데 좋은 방법이에요. 그럼 이제 다음 페이지에서 백지 학습법이 무엇인지 알아볼까요?

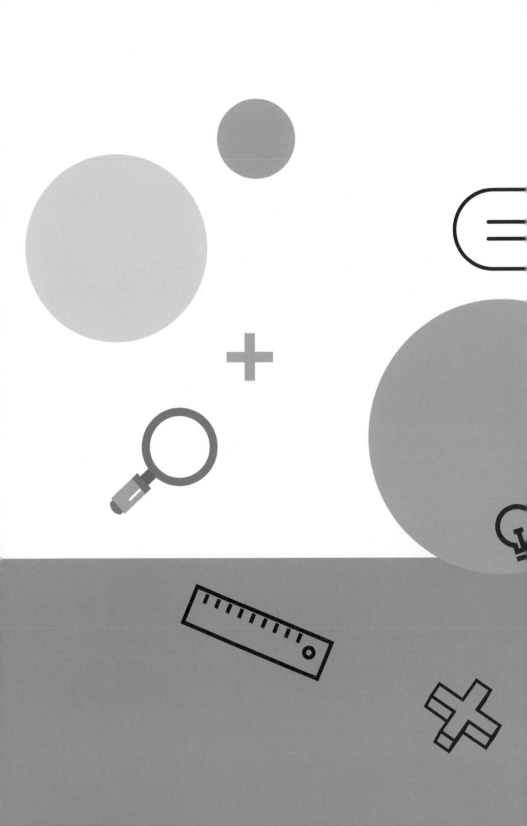

제5장

백지 학습법

1.

백지 학습법이란?

'백지 학습법'은 말 그대로 아무것도 적히지 않은 백지 한 장을 활용해 공부한 내용을 스스로 정리하고 점검하는 방법이에요.

다른 사람에게 설명하듯이 백지 위에 설명하거나, 내가 아는 것을 기억해 적는 거라고 생각하면 돼요. 이 방법은 다른 사람에게 설명하지 않아도 백지에 적는 과정에서 내가 잘 알고 있는 부분과 아직 이해하지 못한 부분을 스스로 발견할 수 있도록 도와줘요.

2.
백지 학습법의 단계

1) 공부한 내용을 떠올리기

먼저, 노트나 교과서를 보지 않고 머릿속에서 공부한 내용을 떠올려 보세요. 백지에 적기 전에, 스스로 생각해 보는 것이 중요해요. 마치 머릿속에서 설명하듯이 최대한 자세하게 떠올리는 거죠.

2) 백지에 적기

떠올린 내용을 이제 백지에 적어 보세요. 이때 책을 덮고, 순전히 자신의 기억에 의존해서 적는 것이 핵심이에요. 중요한 개념, 용어, 그리고 공부한 내용을 적으면서 어디까지 정확히 알고 있는지 점검할 수 있어요.

3) 모르는 부분 채우기

백지에 적다 보면 헷갈리거나 기억나지 않는 부분이 분명히 있을 거예요. 그러면 백지에 다 적어 본 후에 다시 책이나 노트를 보면서 모르는 부분을 확인하고, 새로운 정보를 백지에 채워 넣으세요. 이렇게 하면서 스스로 이해가 부족한 부분을 보완할 수 있어요.

4) 다시 백지로 반복

부족한 부분을 확인하고 나면 다시 백지에 적어 보는 과정을 반복해 보세요. 이렇게 몇 번 반복하다 보면 점점 더 많은 내용을 정확하게 기억하고, 설명할 수 있게 됩니다. 이 과정은 암기하는 것뿐만 아니라 이해를 깊게 하는 데도 큰 도움이 돼요.

백지 학습법으로 학습하기

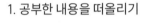

1. 공부한 내용을 떠올리기
2. 백지에 적기
3. 모르는 부분 채우기
4. 다시 백지로 반복

3.
백지 학습법의 효과

백지 학습법은 혼자서도 다른 사람에게 설명하는 것처럼 스스로의 이해도를 점검할 수 있는 아주 강력한 방법이에요.

백지에 적는 과정에서 머릿속에서 생각을 정리하고, 설명할 수 있는 수준까지 이해하게 돼요. 그래서 설명할 사람이 없더라도, 이 방법을 통해 진짜로 내가 알고 있는지 확인할 수 있답니다.

"그러면 어떻게 머릿속에 잘 기억하지?"

정말 좋은 질문이에요. 공부한 내용을 잘 이해하고 나서, 그걸 오래 기억하는 건 또 다른 도전이거든요. 사실, 우리 뇌는 자주 쓰지 않는 정보는 필요하지 않다고 판단해 빠르게 잊어버리는 경향이 있어요.

그래서 기억을 잘하려면 효과적인 전략이 필요해요.

4.
효과적으로 기억하기

기억하는 방식은 사람마다 조금씩 다르기 때문에, 자신에게 맞는 방법을 찾는 것이 중요합니다. 만약 우리가 한 번 본 것을 모두 기억할 수 있다면 뇌는 어떻게 될까요?

사실, 우리의 뇌는 너무 많은 정보를 기억하면 오히려 비효율적으로 작동하게 됩니다. 그래서 뇌는 필요 없는 정보는 자연스럽게 잊어버리고, 중요한 정보만 남기려는 특징을 가지고 있습니다.

그렇다면 우리가 공부한 내용을 오래 기억하기 위해서는 어떻게 해야 할까요? 뇌에 '이건 중요한 정보야!'라는 메시지를 반복해서 전달해야 합니다. 이를 위해 반복은 기본적으로 매우 중요한 역할을 합니다.

하지만 반복만으로는 충분하지 않습니다. 이를 위해 다른 효과적인 방법들이 있어요. 이제, 기억을 더 오래 유지하고 깊이 각인시키기 위한 몇 가지 방법을 소개할게요.

1) 연상하기(그림이나 이야기를 떠올리기)

기억을 오래 하려면 배우는 내용을 그림이나 이야기로 바꿔 보세요. 글자만 외우기보다는 눈앞에 그려지는 장면을 떠올리면 훨씬 오래 기억할 수 있어요.

예를 들어, 물이 바다에서 증발해 구름이 되고, 다시 비로 내리는 과정을 '증발-응결-강수-유출'처럼 단어로만 외우기보다는 하나의 이야기로 만들어 보는 거예요. 물이 태양에 의해 하늘로 올라가 구름이 되고, 비로 내리며 강을 따라 다시 바다로 돌아오는 장면을 머릿속에 그려 보세요. 훨씬 더 쉽게 기억할 수 있어요.

역사 공부도 마찬가지예요. 중요한 사건들을 영화의 한 장면처럼 떠올려 보세요. 예를 들어 광복절을 떠올릴 때, 사람들이 거리에서 태극기를 흔들며 기뻐하는 장면을 상상하면 기억하기가 훨씬 쉬워져요.

또한 이야기를 활용하면 효과적입니다. 예를 들어, 척화비를 공부할 때 단순히 "흥선대원군이 척화비를 세웠다"고 외우는 것보다는 그 배경을 이해하는 게 중요해요.
척화비는 흥선대원군이 세운 비석으로, 외국과의 관계를 끊고 자주적인 나라를 지키겠다는 다짐을 나타낸 거예요. 그 이유는 병인양요(1866년)와 신미양요(1871년)에서 외세, 특히 프랑스와 미국이 조선을 침략했기 때문이에요. 두 사건을 통해 흥선대원군은 외국의 침입에 강하게 반대하게 되었고, 이를 계기로 척화비를 세운 거예요. 미국과 프랑스가 공격하는데 당연히 친하게 지내고 싶지 않겠죠?

이처럼 이야기를 통해 기억하게 된다면 척화비를 효과적으로 기억할 수 있습니다. 단순히 글자를 외우는 것보다 이미지, 이야기, 그리고 사건의 흐름을 통해 정보를 기억하면 오래 기억에 남을 거예요.

🖋️ 2) 구조화(큰 틀을 잡고 정리하기)

공부한 내용을 체계적으로 정리하는 것은 마치 뼈대를 세우는 것과 같아요. 핵심 내용을 먼저 잡고, 그 위에 세부 내용을 차례로 덧붙이면 훨씬 기억하기 쉬워요.

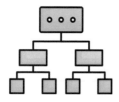

예를 들어, 마인드맵을 그리거나 다이어그램으로 큰 틀을 만들고 거기에 중요한 내용을 추가하는 거예요. 이런 방식으로 정보를 시각적으로 구조화하면 단순히 외우는 것보다 훨씬 더 쉽게 기억할 수 있답니다.

이러한 구조화는 먼저 중요한 단어나 개념을 분류하고 정리하는 것으로 시작합니다. 과학 개념을 배울 때 표로 정리하거나 관련 항목끼리 묶으면 정보가 깔끔하게 정리되고, 필요할 때 쉽게 떠올릴 수 있습니다. 역사 공부도 마찬가지로, 사건을 시간 순서대로 정리하거나 원인과 결과로 나누면 흐름이 자연스럽게 이어집니다.

이처럼 큰 틀을 세우고 세부 내용을 채워 가는 방식은 정보를 효과적으로 정리하고 기억하는 데 큰 도움이 됩니다.

🖋️ 3) 반복적 회상(주기적으로 떠올리기)

이 방법은 공부한 내용을 머릿속에서 주기적으로 떠올려 보는 연습이에요. 한 번 보고 끝내는 게 아니라, 며칠 후에 다시 생각해 보면서 기억을 다지는 거죠. 처음 공부할 때는 시간이 좀 걸릴 수 있지만, 나중에는 짧은 시간 안에 떠올릴 수 있게 되면서 '아, 기억난다!' 하게 될 거예요. 마치 노래 가사를 반복해서 듣다 보면 첫 소절만 들어도 다음 가사가 자연스럽게 떠오르는 것과 비슷하죠?

이걸 반복적 회상이라고 하는데, 꾸준히 머릿속에서 떠올리다 보면 정보가 점점 깊이 각인돼요. 처음에는 오래 걸릴 수 있지만, 점차 내용을 빠르게 기억하고 연결할 수 있게 돼서 장기 기억으로 저장되죠. 잊어버리기 어려운 강한 기억이 되는 거예요.

공부할 때 눈을 감고 천천히 생각해 보면 시각적인 방해가 없어져서 오직 기억에만 집중할 수 있어요. 처음엔 좀 어려울 수 있지만, 시간이 지나면서 짧은 시간에도 내용을 떠올리고 오래 기억하게 되는 데 큰 도움이 된답니다.

공부한 내용을 머릿속에서 다시 떠올리는 연습을 매일 조금씩 해 보세요. 이 작은 습관이 기억을 강화하고 중요한 순간에 더 정확히 떠올리는 데 정말 큰 도움이 될 거예요.

🖋️ 4) 노래 활용하기

노래를 통해 공부한 내용을 외우는 것은 정말 재미있고 효과적인 방법이에요. 우리가 좋아하는 노래는 가사를 쉽게 외우듯이, 리듬과 멜로디 덕분에 기억이 오래 남죠. 공부할 때도 마찬가지로 리듬에 맞춰 외우면 훨씬 더 오래 기억할 수 있습니다.

예를 들어, 한국사에서 조선 왕들의 순서를 외울 때 '태정태세문단세'처럼 리듬에 맞춰 외우면 왕의 이름과 순서를 쉽게 기억할 수 있죠. 태조, 정종, 태종, 세종… 순서가 리듬과 함께 머릿속에 남아 복습할 때도 편리해요.

또한 「한국을 빛낸 100명의 위인들」이라는 노래도 많은 사람이 역사 속 인물들의 이름과 업적을 기억하는 데 도움이 되었어요. 이와 더불어 「독도는 우리 땅」이라는 노래도 독도에 대한 역사적 의미와 위치를 배우며 독도에 대한 기억을 자연스럽게 오래 남기게 해 줍니다.

이처럼 중요한 역사적 사실이나 개념들을 노래에 맞춰 외우면 단순히 글자만 외우는 것보다 훨씬 더 기억하기 쉽고, 공부도 재미있어집니다.
실제로 영국의 한 학교에서는 과목별로 다양한 노래를 활용해 배우기도 한답니다.

✎ 5) 휴식과 운동하기

짧은 휴식을 취하는 것은 공부할 때 매우 중요해요!

낮에 10초 동안 눈을 감고 쉬기만 해도 뇌가 재충전된답니다. 놀라운 사실은 공부하고 잠깐 눈을 감고 쉬는 동안 뇌가 무의식적으로 배운 내용을 정리해 준다는 거예요. 이렇게 짧게 쉬기만 해도 집중력이 높아지고, 기억력도 향상될 수 있습니다.

공부 중간에 눈을 감고 깊게 숨을 쉬면서 잠깐 마음을 비워 보세요. 그러면 뇌가 더 맑아지고, 집중력이 돌아오는 것을 느낄 수 있을 거예요.

운동도 공부에 많은 도움이 됩니다!
운동을 하면 뇌로 가는 산소와 혈액이 증가해 집중력이 향상되고, 기억을 관장하는 뇌의 해마가 활성화돼 기억력도 좋아져요. 예를 들어, 공부 전에 가벼운 운동을 하면 배운 내용을 더 오래 기억할 수 있답니다.

또한 운동을 하면 몸에서 스트레스를 줄여주는 엔도르핀이 분비돼요. 덕분에 기분이 좋아지고, 마음이 편안해져 공부에 더 집중할 수 있답니다. 이렇게 휴식과 운동을 통해 공부 효율을 높여 보세요!

결국, 공부한 내용을 머릿속에 오래 기억하려면 위에서 설명한 여러 방법을 활용하는 것이 중요해요. 연상하기, 구조화하기, 머릿속에서 떠올리기, 노래 활용하기, 휴식과 운동 같은 방법이 도움이 됩니다. 이 책에서는 특히 연상과 구조화에 집중해, 이 두 가지를 효과적으로 활용할 수 있도록 훈련해 볼 거예요. 연상과 구조화를 익혀 나의 기술로 만들어 봅시다!

제6장

연상과 구조화

1.
연상

연상은 머릿속에서 특정 단어나 개념을 떠올릴 때 관련된 생각이나 이미지(그림)를 자연스럽게 연결하는 과정입니다. 이를 통해 학습 내용을 기억하거나 떠올리기 쉽게 만들 수 있습니다.

다음에 나오는 짧은 이야기를 머릿속으로 상상하면서 읽어 보세요. 그림이나 장면을 머릿속으로 떠올리는 게 중요해요. 빠르게 읽기보다는 천천히, 차근차근 상상하며 읽어야 합니다.

옆에 친구나 부모님께 읽어 달라고 해 보세요. 눈을 감고 그 이야기를 들으면서 이미지를 떠올려 보면 더욱 좋습니다. 아니면 번갈아 가면서 하나씩 해 보는 것도 좋아요.

그럼 지금부터 재미있는 연상 연습을 시작해 볼까요?
천천히 읽고 머릿속에 이미지를 떠올려 보세요.

★☆☆☆☆

Q1. 눈 덮인 산에서 스키를 타고 도망가는 북극곰을 쫓아가는 물개의 뒤를 쫓는 펭귄

① 문제를 손으로 가려 볼까요?

② 기억나는 단어를 써보거나 그려보세요.

③ 얼마나 기억할 수 있었나요?

★★☆☆☆

Q2. 참깨 빵 위에 순쇠고기 패티 한 장, 상큼한 양상추와 치즈가 쏙 들어간 나만의 햄버거를 먹고 있는 사자와 생쥐

① 문제를 손으로 가려 볼까요?

② 기억나는 단어를 써보거나 그려보세요.

③ 얼마나 기억할 수 있었나요?

★★☆☆☆

 Q3. 의자에 앉아 캐러멜 팝콘을 먹으며 영화를 보고 있는 코끼리와 곰,
그 뒤에 의자를 자꾸 치는 아기 돼지

① 문제를 손으로 가려 볼까요?

② 기억나는 단어를 써보거나 그려보세요.

③ 얼마나 기억할 수 있었나요?

★★★☆☆

Q4. 모래사장 위 돗자리에 앉아 파라솔 아래 그늘에서 푸른 바다를 보고 있는 고양이, 그 앞에는 강아지들이 배구를 하고 있다.

① 문제를 손으로 가려 볼까요?

② 기억나는 단어를 써보거나 그려보세요.

③ 얼마나 기억할 수 있었나요?

★★★★☆

Q5.

참새가 돼지를 태우고 하늘을 날아서 구름 위에서 노래를 부르고 있는 토끼를 만나 셋이 밴드를 만들었다. 참새는 마이크, 돼지는 드럼, 토끼는 기타를 들었다.

① 문제를 손으로 가려 볼까요?

② 기억나는 단어를 써보거나 그려보세요.

③ 얼마나 기억할 수 있었나요?

★★★★★

Q6.

우주에 가기로 결심한 너구리가 헬멧을 쓰고, 하와이안 셔츠를 입고, 종이비행기를 타고 우주로 날아올랐다. 무지개를 뚫고 가는 길에 저 멀리 해님이 너구리한테 인사했다. 그리고 달에 도착했고, 토끼를 만나 함께 마라탕을 먹었다.

① 문제를 손으로 가려 볼까요?

② 기억나는 단어를 써보거나 그려보세요.

③ 얼마나 기억할 수 있었나요?

고생 많았어요! 몇 개나 기억할 수 있었나요? 한 번 읽고 머릿속으로 그려 보는 것만으로도 이렇게 잘 기억할 수 있다니, 놀랍지 않나요? 여러분의 뇌는 충분히 그런 힘을 가지고 있어요. 정말 멋져요!

책에도 여기저기 그림이 많이 들어 있었죠? 그건 바로 이 책을 쉽게 이해할 수 있도록 돕기 위해서였답니다. 이것이 바로 연상의 힘이에요.

2.

구조화

구조화는 말했듯이, 정보를 잘 정리하고 연결하는 것이에요. 이번에는 정보를 잘 정리하고 연결하는 데 도움이 되는 중요한 개념들에 대해 알아보겠습니다. 이 개념들을 통해 구조화하면 여러분이 생각을 더 체계적으로 정리하고, 학습을 더 효과적으로 할 수 있게 될 거예요.

이제 각 개념을 하나씩 살펴보며 어떤 내용인지 알아보겠습니다.

처음엔 조금 낯설게 느껴질 수도 있지만, 예시를 보면 쉽게 이해할 수 있을 거예요.

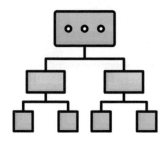

✏️ 1) 포함 관계(상위–하위 개념)

상위 개념은 더 넓은 개념으로 여러 하위 개념을 포함하고 있어요. 하위 개념은 상위 개념의 특정 예시라고 생각하면 돼요. 예시를 들어줄게요. 그림과 함께 보도록 해요. 그리고 머릿속에 잘 새겨 넣으세요!

❶ 과일(상위 개념) – 사과(하위 개념)

과일은 여러 종류의 과일을 포함하는 넓은 개념이에요. 사과는 과일의 대표적인 예시입니다. 모든 사과는 과일에 속하지만, 모든 과일은 사과는 아니에요. 왜냐하면, 바나나, 오렌지, 배 같은 다른 과일들도 있기 때문이에요.
동그라미를 '벤 다이어그램'이라고 해요. 보통 동그라미로 그리고, 겹치는 부분은 공통된 부분을 의미해요.

화살표는 하위 개념에서 상위 개념으로 그려 줍니다. 그러나 꼭 화살표를 그리지 않고 선만 그려도 괜찮아요.

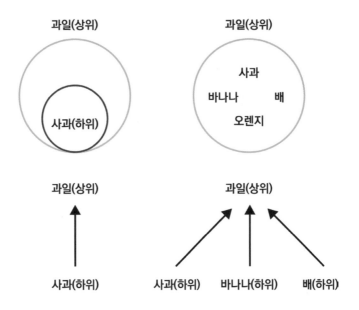

❷ 동물(상위 개념) - 고양이(하위 개념)

동물은 다양한 동물을 포함하는 상위 개념이에요. 고양이는 그중 한 종류로, 동물의 특정 하위 개념이에요.
모든 고양이는 동물에 속하지만, 모든 동물이 고양이는 아니에요. 왜냐하면, 개, 호랑이, 곰 등 다양한 다른 동물들이 존재하기 때문이에요.

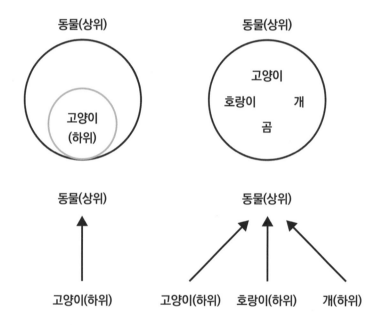

❸ 가수(상위 개념) – 아이돌(하위 개념)

가수는 음악을 전문적으로 부르는 사람을 포함하는 넓은 개념이에요. 아이돌은 그중 하나로, 특정한 팬층을 형성하고 활동하는 가수예요.

모든 아이돌은 가수이지만, 모든 가수가 아이돌은 아니에요. 왜냐하면, 발라드 가수, 트로트 가수 등 다른 종류의 가수들이 존재하기 때문이에요.

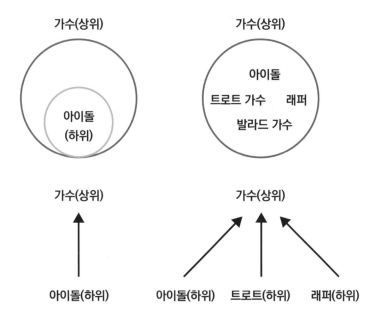

❹ 아이돌(상위 개념) – 아이브(하위 개념)

아이돌은 대중문화에서 활동하는 가수를 포함하는 넓은 개념이에요. 아이브는 특정 아이돌 그룹으로, 아이돌의 하위 개념이지요. 아이브는 아이돌에 속하지만, 모든 아이돌이 아이브는 아닙니다. 왜냐하면, 뉴진스, 트와이스, BTS와 같은 다른 아이돌 그룹이 존재하기 때문이에요.

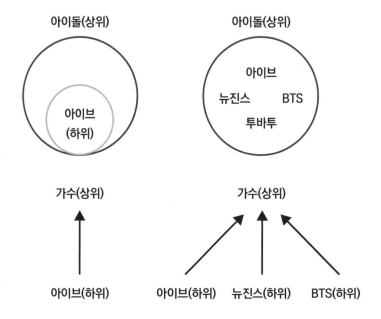

✎ 2) 부분 관계(부분-전체)

부분-전체 관계는 한 개념이 다른 개념의 일부 또는 부품으로 존재하는 관계예요. 이 관계에서 부분은 전체의 중요한 구성 요소이며, 보통 부분이 없으면 전체가 존재할 수 없다는 점이 중요해요. 예시를 들어줄게요. 부분-전체 관계도 위의 상위-하위 관계처럼 선으로 표현할 수 있습니다.

❶ 자동차(전체) - 바퀴(부분)

자동차는 여러 바퀴로 구성되어 있으며, 바퀴가 없으면 자동차는 움직일 수가 없죠. 그러나 바퀴 말고도 여러 부분이 있어요.

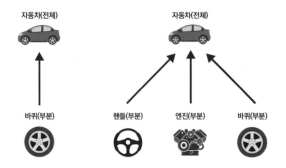

❷ 사과(전체) - 씨앗(부분)

사과는 하나의 전체 과일이에요. 씨앗은 사과의 중요한 부분으로, 씨앗이 없으면 새로운 사과가 자라날 수 없답니다. 그러나 씨앗 말고도 여러 부분이 있죠.

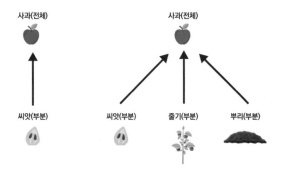

❸ 코뿔소(전체) – 뿔(부분)

코뿔소는 하나의 전체 동물이에요. 뿔은 코뿔소의 특정 부분으로, 이 동물의 중요한 신체적 특성이죠. 이외에도 코뿔소를 구성하고 있는 여러 부분이 있습니다.

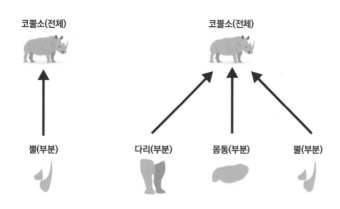

❹ 아이브(전체) – 장원영(부분)

아이브는 특정 아이돌 그룹이에요. 장원영은 그 그룹의 한 멤버로, 아이브의 중요한 구성원입니다.

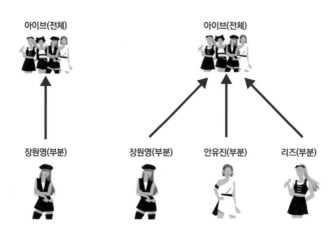

📎 3) 인과 관계(원인과 결과)

인과 관계는 원인과 결과의 관계를 줄인 말이에요. 한 사건이 다른 사건의 원인이나 결과가 되는 관계를 말해요. 어떤 일이 일어나면(원인) 그에 따라 다른 일이 발생(결과)합니다.

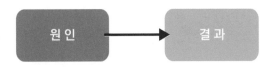

❶ 비가 오면(원인) – 땅이 젖는다. (결과)

비가 오면 자연스럽게 땅이 젖어요!

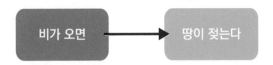

❷ 열심히 공부하면(원인) – 좋은 성적을 받는다. (결과)

열심히 공부하면 좋은 성적을 받을 수 있어요!

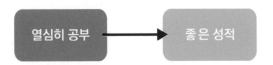

❸ 운동을 하면(원인) – 건강해진다. (결과)

운동하면 건강해지는 효과가 있어요!

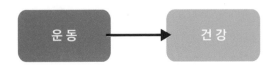

✎ 4) 비교와 대조, 공통점과 차이점

비교는 공통점을 찾는 거고, 대조는 차이점을 찾는 거예요. 공통점은 두 개 이상의 것들이 비슷한 점을 말하고, 차이점은 각각 다른 점을 말해요. 공통점과 차이점을 알면 여러 가지를 더 잘 이해할 수 있어요. 가운데 겹치는 부분에는 공통점을 적고, 그 외의 부분에는 차이점을 적어요. 화살표로 나타낼 때는 아래에 특징을 간략하게 적어요.

❶ 사과와 바나나

둘 다 과일이에요. 둘 다 달아요.
사과는 빨갛고, 바나나는 노란색이에요.

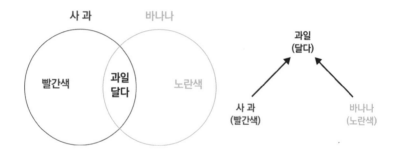

❷ 고양이와 개

둘 다 동물이에요. 둘 다 귀여워요.
고양이는 자기 혼자 잘 놀고, 개는 사람을 따르는 성격이에요.

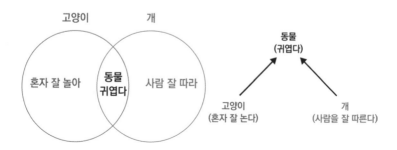

❸ 아이브와 BTS

둘 다 아이돌이에요. 둘 다 인기가 많아요.
아이브는 여자 아이돌이고, BTS는 남자 아이돌이에요.

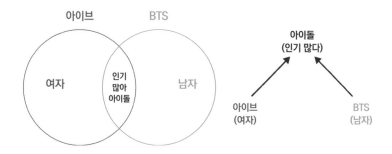

📏 5) 절차와 순서

절차나 순서는 어떤 일을 진행할 때 필요한 단계들이 순서대로 연결된 것을 의미해요. 이 개념을 활용하면 복잡한 과정을 하나하나 따라갈 수 있게 됩니다.

예를 들어, 요리할 때 먼저 재료를 준비하고, 다음으로 조리하고, 마지막으로 음식을 담아내는 순서가 있는 것처럼요. 절차와 순서를 이해하면 여러 단계의 흐름을 쉽게 파악할 수 있고, 필요한 작업을 차근차근 처리할 수 있게 돼요. 아래처럼 나타낼 수 있어요.

* 인과 관계와 표시하는 것이 헷갈릴 수 있어요. 그럴 때는 원인에 알파벳 C, 결과에 알파벳 E를 작게 적는 것도 구분하는 데 도움이 될 수 있어요. 원인은 영어로 Cause, 결과는 영어로 Effect, 그래서 두 단어의 앞 글자를 약자로 사용합니다.

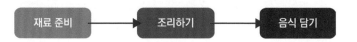

3.
관계 파악 및 그리기 연습

*정답은 177쪽을 참고해 주세요.

주어진 단어를 위의 예시들처럼 개념이 서로 어떤 관계인지 쓰고 한번 그림을 그려서 표현해 보세요. 예시를 보고 예시처럼 연습해 보고 내 기술로 만들어 봅시다.

이렇게 화살표 이용해서 상위-하위 관계를 나타내고, 그 밑에는 대표 메뉴들을 쓰거나 각각의 특징을 쓸 수 있습니다.

예시) BHC, BBQ, 치킨집, 60계: 상위-하위 관계

상위: 치킨집
하위: BBQ, BHC, 60계

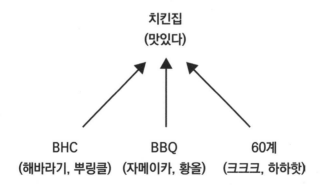

1) 동물, 육식동물, 초식동물

2) 삼국시대, 고구려, 백제, 신라

3) 학교, 초등학교, 중학교, 고등학교

4) 비행기, 날개, 엔진, 바퀴

5) 공놀이, 축구, 농구, 야구

6) 떡볶이, 순대, 튀김, 분식

7) FC 온라인, 마인크래프트, 게임, 로블록스

8) 여자 아이돌, 뉴진스, 아이들, 블랙핑크

9) 피곤하다, 늦게 잔다

10) 생태계, 비생물 요인, 생물 요인

11) 소리 지르다, 목이 아프다

12) 기독교, 종교, 불교, 힌두교

13) 냄새난다, 방귀 뀌다

14) 설명하기, 내용 정리하기, 다시 보기

15) 맛있게 먹기, 냄비와 물 준비, 물 끓이기, 면과 수프 넣기

✎ *포함 관계(상위–하위) VS 부분 관계(부분–전체)

문제를 풀다 보면 포함 관계와 부분 관계가 헷갈릴 수 있어요. 물론 두 관계를 화살표로 나타낼 때 차이가 크게 느껴지지 않을 수도 있지만, 쉽게 구분할 수 있도록 설명해 줄게요.

포함 관계(상위–하위 개념): 종류라고 생각해요.

상위 개념이 더 넓은 범위라면, 하위 개념은 그 상위 개념의 종류 중 하나예요. 예를 들어, '과일'이 상위 개념이라면 '사과'는 과일이라는 범주에 속하는 종류로 하위 개념이 되는 거죠.

부분–전체 관계: 종류가 아니에요.

부분은 전체를 구성하는 요소예요. 상위–하위의 종류와는 달리, 특정 개념이 다른 개념의 일부를 이루는 거죠. 예를 들어, '자동차'가 전체라면, '바퀴'는 자동차의 구성 요소 중 하나입니다. 여기서 바퀴는 자동차의 종류가 아니라, 자동차의 일부라는 점이 달라요.

이렇게 생각하면, 포함 관계는 종류, 부분–전체 관계는 구성 요소로 기억할 수 있어요.

4.
관계 및 구조화 정리

이처럼 상위-하위 관계, 부분-전체 관계, 인과 관계, 공통점과 차이점 등과 같은 개념들을 배우면 정보를 잘 정리하고 이해하는 데 큰 도움이 돼요.

예를 들어, 벤 다이어그램을 사용하면 두 개의 개념 사이의 관계를 쉽게 볼 수 있어요. 두 개의 동그라미를 그려서 겹치는 부분에 공통점을 적고, 각각의 동그라미 안에는 그 개념만의 특징을 적을 수 있죠.

만약 벤 다이어그램으로 그리는 게 불편하다면 선을 활용해 간단하게 관계를 표현할 수 있어요. 예를 들어, 한 개념에서 다른 개념으로 선을 그어 주면서 그 관계를 설명하면 됩니다. 상위-하위의 포함되는 관계, 부분과 전체 관계를 나타낼 수 있습니다. 화살표를 사용한다면 원인과 결과 더 나아가 순서까지도 효과적으로 나타낼 수 있습니다.

1) 포함 관계(상위-하위): '고양이'에서 '동물'로 선을 그어 '동물'이 상위 개념이고, '고양이'는 하위 개념임을 보여 줄 수 있어요.

고양이 → 동물

2) 부분 관계(부분-전체): '바퀴'에서 '자동차'로 선을 그어 '자동차'가 전
체이고, '바퀴'는 부분임을 나타낼 수 있죠.

바퀴 → 자동차

3) 인과 관계(원인-결과): '열심히 공부한다.'에서 '좋은 성적을 받는다.'로
선을 그어 원인과 결과를 연결해 설명할 수 있어요.

열심히 공부한다. → 좋은 성적을 받는다.

4) 순서 및 절차: '치약을 짠다', '칫솔질을 한다', '물로 헹군다.'로 화살표
를 그어 순서, 단계, 절차를 나타낼 수 있어요.

치약을 짠다. → 칫솔질을 한다. → 물로 입을 헹군다.

이처럼 선을 활용하면 정보의 관계를 쉽게 정리할 수 있고, 나중에 필
요한 정보를 찾거나 기억하기에도 도움이 됩니다.

정보를 받아들일 때 중요한 단어나 개념을 중심으로 이렇게 구조화하
는 것은 마치 뼈대를 세우는 것과 같아요. 처음에 큰 틀을 잡아두면 나
중에 세부 사항을 추가하기가 훨씬 쉬워져요. 기억하기도 쉽고, 더 잘 이
해할 수 있게 된답니다!

이런 구조화 방법을 내 무기로 만들어 앞으로 공부할 때 적극적으로
활용해 보세요. 훨씬 효과적으로 공부할 수 있을 거예요!

제7장

문해력

1.

문해력의 중요성

정보를 잘 기억하는 방법을 배운 후에도 교과서나 책이 잘 읽히지 않을 수 있어요. 그 원인은 문해력 부족일 수도 있습니다. 문해력은 단순히 글자를 읽는 것이 아니라, 글을 읽고 이해하는 능력을 말해요.

문해력을 키우기 위해서는 어휘력과 독서가 매우 중요하답니다. 지금부터 문해력이 부족할 때 겪는 어려움과 해결 방법을 함께 알아보겠습니다.

1) 어휘력

어휘력이 부족하면 글을 이해하기 어려울 수 있어요. 새로운 단어를 알지 못하면 글을 해석하는 데 어려움을 겪을 수 있습니다. 하지만 모르는 단어가 나왔을 때, 그 단어의 앞뒤 맥락을 통해 뜻을 추측하는 방법도 있어요. 다양한 책을 읽고 모르는 단어를 찾아보는 습관을 들이면 어휘력이 늘어나고, 글을 이해하는 데 도움이 됩니다. 핸드폰이나 사전을 이용해 단어의 뜻을 찾아보는 것도 좋은 방법이에요.

2) 독서량

스마트폰 영상에 익숙해지면 긴 글을 읽는 것이 어려워질 수 있어요. 하지만 알고 있나요? 중요한 정보의 대부분은 글로 표현되어 있어요. 우리가 자주 보는 영상도 처음에는 글로 기획되었다가 만들어진답니다. 영상은 짧고 재미있지만, 깊이 있는 생각과 이해에는 한계가 있어요. 책이나 글을 읽으면서 천천히 생각하고 이해하는 과정에서 더 많은 지식과 생각을 얻을 수 있답니다. 매일 조금씩 책을 읽는 습관을 들이면 점차 책 읽기의 즐거움을 느끼게 되고, 생각이 더욱 풍부해질 거예요.

3) 추측하며 읽기

글을 읽을 때 단순히 눈으로 따라 읽는 것보다, 친구와 대화하듯 글의 흐름을 추측하면서 읽으면 훨씬 쉽게 이해할 수 있어요. 글을 읽으며 '다음엔 어떤 내용이 나올까?', '이 부분은 무슨 의미일까?'라고 스스로 질문해 보면 글을 더 적극적으로 받아들이게 됩니다.

❶ 한 문장을 읽고 다음에 나올 내용을 추측하며 읽기

현대 국가도 위기가 닥치면 돈을 찍어냅니다.
→ '현대 국가도'라는 거 보니까 과거 국가도 그랬구나.
→ 돈을 찍어낸 예시가 나오겠구나.

투명 용이 갑자기 하늘에 나타났다. 사람들이 도망가기 시작했다.
→ 투명 용이 사람들을 공격하겠구나.

생태계는 생물 요인과 비생물 요인으로 나뉘어 있다.
→ 생물 요인과 비생물 요인을 설명하겠구나. 예시가 나오겠구나.

고대 이집트 사람들은 나일강의 범람을 이용해 농사를 지었다.
→ 나일강 범람이 농사에 어떻게 도움이 되었는지 설명하겠구나.
→ 나일강 범람의 구체적인 예시가 나오겠구나.

❷ 문맥을 통해 모르는 단어의 의미를 추측하며 읽기

그 사람은 매우 근면해서 주말에도 일을 멈추지 않았다.

→ '근면'은 일을 열심히 하는 것과 관련이 있겠구나.

그 영화는 매우 감동적이어서 많은 사람이 눈물을 흘렸다.

→ '감동적'은 눈물을 흘리게 하는 거구나.

철수는 소심한 성격이라, 사람들 앞에서 말하는 걸 두려워했다.

→ '소심한'은 부끄러워하거나 두려워하는 느낌이구나.

❸ 한 문장에 숨어 있는 의미를 찾으며 읽기

짱구는 땀을 흘리며 약속 장소로 뛰어왔다.

→ 짱구가 약속 시간에 늦었나 보다.

그녀는 책을 읽으면서 미소를 지었다.

→ 그녀가 읽는 책이 재미있거나 마음에 드는 내용이겠구나.

지호는 중요한 발표가 다가오자 얼굴이 점점 창백해졌다.

→ 지호가 발표 때문에 엄청 긴장했구나.

❹ 중요한 단어(키워드)와 문장 고르기

중요한 단어와 문장 고르기 글을 잘 이해하려면 중요한 단어나 문장을 찾아내는 것이 중요합니다. 글 속에서 핵심을 파악하려면 중심 단어와 문장을 잘 구별해야 해요. 중요한 단어는 글의 주제를 설명하거나 글의 흐름을 이끌어가는 단어들이고, 중요한 문장은 전체 내용을 요약하거나 핵심 정보를 전달하는 역할을 하죠.

이건 마치 영화 속 주인공을 찾는 것과 비슷해요. 주인공이 중요한 순간에 등장하고 이야기를 이끌어 가듯이, 글 속에서도 중요한 단어나 문장이 그런 역할을 합니다. 이 주인공들을 잘 찾아내면 글의 흐름도 잘 파악할 수 있답니다.

결국 문해력을 키우는 핵심은 꾸준한 독서와 어휘력 향상입니다. 글 속에서 중요한 부분을 파악하는 연습도 매우 중요합니다. 모든 내용이 다 중요한 것은 아니기 때문에 핵심 부분을 빠르게 알아차릴 수 있는 연습을 하면 글의 흐름을 쉽게 이해할 수 있어요. 문해력은 공부뿐 아니라, 일상생활에서도 도움이 되는 중요한 기술입니다.

책을 꾸준히 읽고, 글 속에서 중요한 부분을 찾는 연습을 하다 보면 여러분의 문해력은 자연스럽게 좋아질 것입니다.

제8장

공부의 과정

여태 배운 내용을 정리하며 공부의 흐름을 알아볼게요! 우리는 공부를 잘하기 위해 여러 가지를 배웠어요. 이제 그 방법들을 단계별로 정리해 볼게요.

1.

정보 입력

(Input, input은 in+put, '안에 놓다.'라는 뜻이에요.)

우리는 세상과 책에서 다양한 정보를 받아들이고 이해해요. 이 과정에서는 새로운 지식을 쌓고, 흥미로운 내용을 탐색하는 것이 중요해요. 그리고 정보를 잘 입력하기 위해서는 문해력, 즉 글을 읽고 이해하는 능력이 매우 중요합니다.

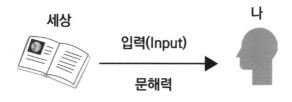

2.
연상과 구조화

　입력된 정보를 기억하기 쉽게 머릿속에서 연상하고, 중요한 단어나 개념을 서로 연결하여 구조화하는 과정이에요. 이를 그림으로 그려 보거나 연상하면서 정리하면 기억하기 훨씬 쉬워진답니다.

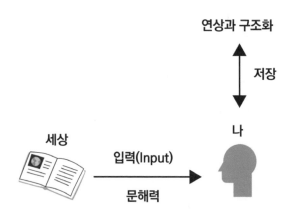

3.
출력

(Output, output은 out+put, '밖에 놓다.'라는 뜻이에요.)

이 단계에서는 '파인만 테크닉'을 사용해 보세요. 배운 내용을 다른 사람에게 설명하거나 백지에 써 보며 확인하는 과정입니다.

1) 배우고 싶은 내용을 간단한 언어로 설명합니다.
2) 설명하는 도중에 이해가 부족한 부분을 찾아냅니다.
3) 부족한 부분에 대해 다시 학습합니다.

이 과정을 통해 내가 잘 이해한 부분과 부족한 부분을 명확히 깨닫게 되어, 학습에 큰 도움이 됩니다.

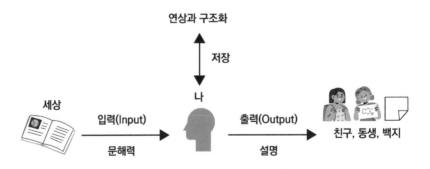

4.
메타인지

메타인지는 간단히 말해 '내가 무엇을 알고 있고, 무엇을 모르는지 스스로 아는 능력'이에요. 공부의 모든 단계에서 일어나지만, 특히 친구에게 설명하거나 백지에 적어 보는 출력 과정에서 내가 얼마나 이해했는지 쉽게 확인할 수 있습니다. 이 과정은 학습을 더 깊이 이해하고 부족한 부분을 채워 나가는 데 큰 도움이 됩니다.

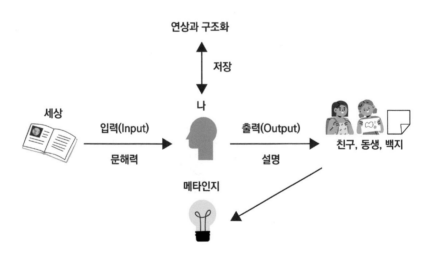

5.

피드백

('Feedback, feed: 먹이다' + 'back: 다시')

　피드백 단계에서는 출력(설명) 과정과 메타인지를 통해 발견한 부족한 점을 다시 학습하여 보완해요. 이 과정을 통해 몰랐던 부분을 채우고 더 깊이 이해할 수 있습니다. 피드백은 학습의 마무리이자 새로운 시작점이 되어, 지속적인 성장을 돕는 중요한 단계입니다.

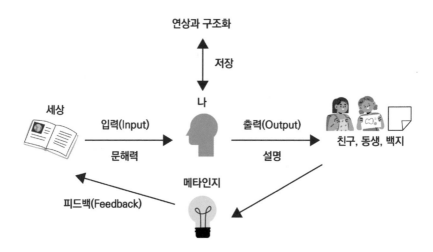

　이러한 과정을 통해 우리는 더 효과적으로 공부하고, 내용을 깊이 있게 이해할 수 있어요. 1단계부터 5단계까지 모두 연결되어 있어서, 한 단계씩 차근차근 따라가다 보면 머릿속에 지식이 차곡차곡 쌓이는 걸 느낄 수 있을 거예요.

이 모든 방법을 활용하면 학습이 훨씬 재미있고 효율적이죠. 사실, 공부뿐만 아니라 우리가 무언가를 배울 때는 이와 같은 과정이 자연스럽게 반복된답니다. 여러분도 이 단계를 따라가며 공부를 즐겁게 해 보세요!

간단하게 행동에 초점을 맞추어 도식화하면 다음과 같아요.

세상으로부터 정보를 입력하고, 연상과 구조화를 활용해 저장한 후에 친구, 동생, 백지에 설명하며 출력하고, 출력과 동시에 메타인지를 통해 내가 어느 부분이 부족한지 파악하고, 그 부분을 중점적으로 피드백합니다.

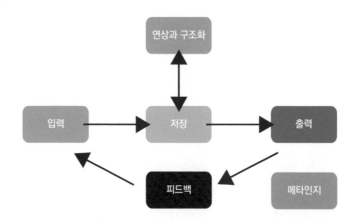

* 위의 도표를 다시 한번 그려보세요.

제9장

연 습

이제 본격적으로 여태까지 배운 내용을 내 것으로 만들기 위해 훈련해 보는 시간을 가질 거예요. 훈련에 들어가기에 앞서 단어, 문장, 문단, 글에 대해 알아 보겠습니다.

1.
글의 구성 요소

❶ 먼저 단어는 우리가 생각을 표현할 때 쓰는 가장 작은 말이에요. 예를 들어, '사과', '학교', '친구' 같은 것이 단어입니다. 단어들은 우리가 무엇을 말하는지 알려 주는 기본 단위죠.

❷ 문장은 단어들이 모여서 하나의 완전한 생각을 표현하는 말이에요. 예를 들어, '나는 학교에 갔어요.'라는 문장은 '나'라는 단어와 '학교', '갔다'라는 단어가 모여서 내가 학교에 갔다는 의미를 전달해요.

❸ 문단은 문장들이 모여서 더 큰 생각을 표현하는 단위예요. 한 문단은 여러 문장으로 이루어져 있고, 보통 한 가지 주제에 대해 이야기해요. 예를 들어, '나는 학교에 갔다. 그곳에서 친구들을 만났다.' 이 두 문장은 학교에 간 경험을 설명하는 하나의 문단을 만들 수 있죠.

❹ 마지막으로 글은 여러 문단이 모여서 하나의 주제를 설명하거나 이야기를 전해 주는 큰 단위입니다. 책이나 교과서에 나오는 글들은 여러 문단이 모여서 우리가 알기 쉽게 정보를 전달해 주는 역할을 합니다.

2.
글의 핵심 파악하기

문단에서 중요한 단어를 찾고, 중심 문장을 파악하는 훈련은 글의 핵심을 정확히 이해하는 데 큰 도움이 됩니다. 이 훈련을 효과적으로 할 수 있도록 몇 가지 팁을 드릴게요.

✎ 1) 중요한 단어(키워드) 찾기

❶ 반복되는 단어

글에서 여러 번 나오는 단어는 주제를 강조하는 중요한 단어일 가능성이 큽니다. 예를 들어, 태양계에 관한 문단이라면 '행성', '태양', '공전' 같은 단어가 반복될 수 있어요.

❷ 글의 주제와 연결된 단어

글의 주제를 설명하거나 글 전체를 요약할 수 있는 단어에 동그라미를 쳐 보세요. 주제를 직접 나타내는 단어를 찾는 것이 좋습니다.

❸ 중요한 정보나 설명하는 단어

글 속에서 핵심 정보를 전달하는 단어에 집중해 보세요. 예를 들어, 과학 관련 문단에서는 '광합성', '유전자' 같은 단어가 중요할 수 있어요.

2) 중심 문장 파악하기

❶ 문단의 첫 문장

중심 문장은 보통 문단의 첫 번째 문장이나 마지막 문장에 위치하는 경우가 많습니다. 첫 문장은 문단의 주제를 소개하고, 마지막 문장은 주제에 대한 결론을 내리기도 해요.

❷ 문단의 흐름을 따라가며 읽기

문단 안의 모든 문장이 중요한 것은 아니에요. 어떤 문장은 설명이나 예시일 수 있습니다. 주로 다른 문장을 설명하거나 뒷받침하는 문장이 중심 문장입니다.

❸ 주제와 연결된 문장에 집중

문단의 주제를 명확하게 전달하는 문장을 찾는 것이 중요해요. 글을 읽으며 '이 문장이 전체 내용을 요약하고 있는가?'를 생각해 보면 중심 문장을 더 쉽게 찾을 수 있습니다.

3) 연습 과정에서 유의할 점

❶ 꼭 필요한 정보 파악하기

모든 단어가 중요한 것은 아닙니다. 불필요한 단어에 동그라미 치거나 밑줄 치기보다는, 글의 흐름을 잘 이어가는 핵심 단어를 선택하는 것이 중요합니다.

❷ 천천히 읽고, 요약하기

천천히 문단을 읽으며 중요한 부분을 찾아 보세요. 글을 요약한다는 생각으로 연습하면 중심 문장과 키워드를 찾는 데 도움이 됩니다.
이 훈련을 반복하면서 자연스럽게 글의 흐름과 핵심을 파악하는 능력이 점점 향상될 거예요!

3.
문단에서 중요한 부분 찾기

*정답은 181쪽을 참고해 주세요.

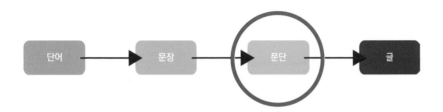

1) 중요한 단어(키워드)에 동그라미를 칩니다.

2) 글의 주제를 써보거나 중심 문장에 밑줄 칩니다.

3) 그리고 적절한 제목 혹은 주제를 고르세요.

<실전 연습>

1. 글의 제목 혹은 주제로 가장 적절한 것을 고르세요.

자연에서 동물들은 서로 도움을 주고받는 경우가 많습니다. 예를 들어, 물고기들은 큰 물고기의 이빨을 깨끗하게 해 주고, 그 대신 안전하게 먹이를 얻습니다. 또, 새들은 나무에 둥지를 만들어 살면서 나무가 벌레로부터 피해를 입지 않도록 도와줍니다.

① 동물들의 먹이 사슬

② 동물 간의 상호 도움

③ 나무와 새의 관계

④ 물고기의 생활 습성

2. 글의 제목 혹은 주제로 가장 적절한 것을 고르세요.

식물은 잎에서 햇빛을 받아 에너지를 만듭니다. 이 과정을 광합성이라고 합니다. 광합성을 통해 식물은 이산화탄소와 물을 사용해 산소와 영양분을 만들어 내며, 이 과정이 없으면 식물은 자랄 수 없습니다.

① 식물의 생장 과정
② 광합성의 중요성
③ 이산화탄소의 역할
④ 식물의 물 순환

3. 글의 제목 혹은 주제로 가장 적절한 것을 고르세요.

태양계는 태양을 중심으로 여러 행성이 돌고 있는 공간입니다. 태양은 모든 행성을 끌어당기며, 이 행성들은 태양 주위를 공전하고 있습니다. 지구는 태양으로부터 세 번째에 있으며, 수성, 금성, 화성 등 다른 행성들도 각자 태양을 중심으로 공전하고 있습니다.

① 태양의 에너지
② 태양계를 구성하는 행성들
③ 지구의 위치와 환경
④ 태양계와 행성들의 공전

4. 글의 제목 혹은 주제로 가장 적절한 것을 고르세요.

우리나라는 오랜 역사 속에서 여러 차례 전쟁을 겪었습니다. 전쟁은 많은 사람에게 고통을 주고, 나라의 경제와 문화에도 큰 영향을 미칩니다. 그래서 평화를 유지하는 것이 매우 중요합니다.

① 전쟁의 역사와 영향
② 평화의 중요성
③ 경제와 문화의 발전
④ 우리나라의 전쟁 경험

5. 글의 제목 혹은 주제로 가장 적절한 것을 고르세요.

아이돌 그룹은 많은 팬의 사랑을 받습니다. 팬들은 콘서트나 팬미팅에 참여하며, 아이돌을 응원하기 위해 응원법을 배우거나 팬아트를 그리기도 합니다. 이러한 응원 활동을 통해 팬들은 아이돌과 더 가까워집니다.

① 아이돌의 인기 비결
② 팬들과 아이돌의 관계
③ 콘서트의 중요성
④ 팬아트 그리는 방법

6. 글의 주제로 가장 적절한 것을 고르세요.

민주주의는 국민이 나라의 주인으로서 나라를 이끌어 가는 중요한 제도입니다. 민주주의 사회에서는 국민이 선거를 통해 대표자를 뽑고, 이 대표자는 국민의 뜻을 반영하여 정책을 결정합니다. 국민이 주체가 되어 국가의 방향을 정할 수 있다는 점에서 민주주의는 다른 정치 제도와 차별화됩니다.

① 민주주의의 역할
② 선거의 과정
③ 대표자의 임무
④ 정책 결정 방법

7. 글의 주제로 가장 적절한 것을 고르세요.

산업 혁명은 기계 발명으로 시작되어 사회에 큰 변화를 일으켰습니다. 대량 생산이 가능해지면서 도시로의 인구 이동이 활발해졌고, 산업화가 가속화되었습니다. 이 변화는 현대 사회의 경제적, 사회적 구조에 큰 영향을 미쳤습니다.

① 산업 혁명이 가져온 사회 변화
② 기계 발명의 역사
③ 도시 인구의 증가 원인
④ 현대 사회의 경제 구조

8. 글의 주제로 가장 적절한 것을 고르세요.

잠은 우리 몸과 뇌를 회복시키는 데 중요한 역할을 합니다. 충분한 수면을 취하면 피로가 풀리고, 다음 날의 집중력과 기억력이 향상됩니다. 반면, 잠을 제대로 자지 못하면 건강에 악영향을 미치고, 일상생활에서 피로감과 스트레스가 늘어날 수 있습니다. 따라서 규칙적인 수면 습관을 갖는 것이 중요합니다.

① 건강에 좋은 식습관
② 충분한 수면의 중요성
③ 스트레스와 피로의 원인
④ 뇌의 회복 과정

9. 글의 주제로 가장 적절한 것을 고르세요.

독서는 우리가 지식을 넓히고 창의력을 키우는 데 중요한 역할을 합니다. 책을 읽으면서 다양한 경험과 생각을 접하게 되고, 이를 통해 문해력과 비판적 사고 능력을 기를 수 있습니다. 특히, 어린 시절부터 독서 습관을 기르면 평생 동안 학습과 성장에 도움이 되는 중요한 기초가 마련됩니다.

① 어린이의 창의력 발달 방법
② 독서의 중요성과 그 효과
③ 비판적 사고의 필요성
④ 평생 교육의 의미

10. 글의 주제로 가장 적절한 것을 고르세요.

축구 선수들은 한 경기 동안 평균 10~12km를 달립니다. 이는 경기장에서 90분 동안 계속 움직이는 것과 같으며, 이 과정에서 선수들은 속도를 조절하고 공격과 수비에 집중해야 합니다. 특히, 공격수와 미드필더는 더 많은 거리를 뛰며, 체력 소모가 가장 큽니다. 이렇게 축구 선수들의 경기 중 운동량은 상상을 초월합니다.

① 축구 경기에서의 체력 소모
② 공격수와 미드필더의 역할
③ 축구 선수들의 속도 조절 방법
④ 축구 선수들의 운동량

4.
글에서 중요한 부분 찾기(연상과 구조화 훈련)

*정답은 182쪽을 참고해 주세요.

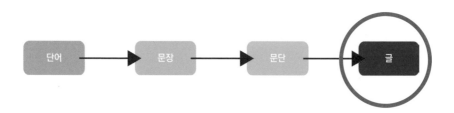

이제 우리는 문단에서 주제와 중심 단어를 찾는 훈련을 넘어, 글 속에서 중요한 내용을 파악하고, 이를 연상하고 구조화하는 훈련을 할 거예요. 이 훈련은 한꺼번에 완벽히 해내려고 할 필요는 없어요. 떠오를 때마다 하나씩 해도 좋고, 적당한 양을 정해 매일 꾸준히 연습해도 좋아요.

이 방법을 익히면 일상 속의 다양한 정보를 활용해 매일 연습할 수 있게 되고, 교과서 내용이 오히려 쉽게 느껴질지도 몰라요. 앞으로 공부할 때마다 정보를 받아들이고 나서 연상과 구조화를 통해 내 머릿속에서 이해하고 정리하는 습관을 가지도록 해요. 그런 후에 친구에게 설명하거나 백지 학습을 통해 다시 확인해 보는 것도 좋은 방법이랍니다.

부담 없이, 글을 이해하고 나 자신이 점점 더 똑똑해지는 과정을 즐기면서 연습해 보세요!

다음 단계를 차근차근 따라 하며 연습해 봅시다.

🖋 1) 입력: 중요한 단어 중심으로 지문을 충분히 읽습니다.

정보를 받아들이고 이해하는 첫 단계입니다. 중요한 단어나 핵심 개념을 중심으로 내용을 충분히 읽으며 머릿속에 입력하세요.

🖋 2) 연상과 구조화: 눈을 감고 머릿속에서 떠올려 봅니다.

지문을 읽은 후 눈을 감고 내용을 떠올려 보세요. 마치 머릿속에서 그 내용을 재구성하듯이 연상하고 구조화해 보세요.

🖋 3) 출력: 백지 노트에 연상 혹은 구조화한 것을 적습니다.

머릿속에 떠올린 내용을 백지에 적어 보세요. 이 과정에서 내가 얼마나 이해했는지, 혹은 구조화한 내용이 잘 정리되었는지 확인할 수 있습니다.

🖋 4) 피드백: 부족한 부분이 있다면 다시 지문을 읽습니다.

백지에 적는 과정에서 헷갈리거나 빠뜨린 부분이 있다면 지문을 다시 읽고 필요한 내용을 보완하세요.

🖋 5) 팁

책에 직접 표시하지 않고 노트에 따로 연습하면 필요할 때마다 다시 연습할 수 있어요. 꾸준히 반복하며 익숙해지면 더 깊이 있는 학습이 가능해집니다.

예 시

오늘은 우리 주변의 두 가지 환경에 대해 알아볼 거예요. 바로 자연환경과 인문환경입니다. 먼저, 환경이란 우리가 살아가는 모든 것과 그 주변을 의미해요. 즉, 자연과 인간이 만들어 낸 공간을 포함하는 것이죠.

자연환경은 자연에서 볼 수 있는 것들이에요. 산, 바다, 강, 나무, 동물, 날씨 등이 포함됩니다. 자연환경은 우리가 사는 곳에 큰 영향을 줘요. 예를 들어, 높은 산이 있으면 하이킹을 할 수 있고, 바다 근처에 살면 물놀이를 즐길 수 있어요.

인문환경은 사람들이 만든 환경이에요. 학교, 집, 도로, 공원 등이 포함됩니다. 인문환경은 우리가 생활하는 데 필요한 공간으로, 학교는 공부하는 곳이고, 공원은 친구들과 노는 곳이죠.

자연환경과 인문환경은 서로 연결되어 있어요. 자연이 건강하고 아름답다면 우리는 그곳에서 더 많은 시간을 보내고 싶어 해요. 반대로, 우리가 인문환경을 잘 관리하지 않으면 자연이 아프게 될 수 있어요. 앞으로 주위를 잘 살펴보며, 이 두 가지 환경을 소중히 여기도록 해요!

한 페이지 분량에 가까운 글이지만, 구조화를 잘해 두면 핵심을 간단하게 파악할 수 있어요. 이렇게 정리해 두면 공통점과 차이점도 한눈에 들어오고, 기억하기도 훨씬 쉬워집니다.

예를 들어, 아래처럼 정리해 볼 수 있어요. 이렇게 하면 설명하는 것도 훨씬 수월해지고, 절대 잊어버릴 수 없겠죠. 설령 잊어버리더라도 복습하는 데 10초면 충분할 거예요.

"자연환경과 인문환경의 공통점은 둘 다 우리의 생활에 꼭 필요한 환경이라는 점이고, 차이점은 자연환경은 자연이 만든 것이고, 인문환경은 사람이 만든 것입니다."

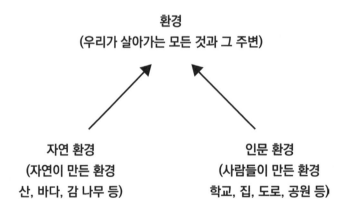

환경
(우리가 살아가는 모든 것과 그 주변)

자연 환경
(자연이 만든 환경
산, 바다, 감 나무 등)

인문 환경
(사람들이 만든 환경
학교, 집, 도로, 공원 등)

옛날 어느 작은 마을에 '아론'이라는 소년이 살고 있었습니다. 아론은 호기심이 많고 모험을 좋아했지만, 책 읽는 것을 싫어했어요. 친구들은 책에서 배운 이야기와 지식을 자랑했지만, 아론은 항상 귀찮아했죠. 그러던 어느 날, 아론은 마을 도서관 깊은 곳에서 빛나는 마법의 책을 발견하게 됩니다.

그 책은 읽으면 읽을수록 점점 더 많은 지식을 가져다주는 신비로운 책이었어요. 아론이 책을 펼치자, 페이지마다 글자가 마치 춤을 추듯이 빛났고, 읽는 순간 모든 지식이 그의 머릿속에 쏟아져 들어왔습니다. 아론은 이 책을 통해 세상 모든 비밀을 알 수 있을 거라 생각했어요.

하지만 시간이 지나자, 아론은 뭔가 이상함을 느꼈습니다. 읽은 지식이 자꾸 머릿속에서 사라지는 겁니다. 아무리 책을 많이 읽어도 기억이 나지 않아서 당황한 아론은 마을의 지혜로운 노인에게 찾아갔어요. 노인은 아론에게 말했습니다. "지식은 단순히 읽는 것만으로는 내 것이 되지 않는다. 진짜 지식은 생각하고, 질문하고, 다른 사람에게 설명할 때 비로소 내 것이 된단다."

아론은 그날부터 마을 아이들에게 배운 지식을 하나하나 설명해주기 시작했습니다. 처음엔 어렵고 헷갈렸지만, 점점 더 많은 것을 기억하게 되었고, 친구들과 함께 지식을 나누는 재미도 알게 되었죠.

결국 아론은 마법의 책이 아니라, 자신의 머릿속에서 마법이 일어나고 있었다는 사실을 깨닫게 됩니다. 이 마을의 아이들은 아론 덕분에 더 많은 것을 배우고, 함께 성장해 나갔습니다.

이제부터 여러분이 직접 해 보길 바랍니다. 단계를 꼭 기억해 주세요!

1) 중요한 단어 중심으로 지문을 충분히 읽습니다. (정보 입력)

2) 눈을 감고 머릿속에서 이미지, 구조를 떠올립니다. (연상과 구조화)

3) 지문 다음 페이지 백지노트에 지문을 보지 않고 연상 혹은 구조화한
   것을 적습니다. (출력)

4) 부족한 부분이 있다면 다시 지문을 읽습니다. (피드백)

5) 지금 단계에서 속도는 전혀 중요하지 않아요! 누가 쫓아오는 것도 아
   니니 첫 단계에서 급하게 읽으려 하지 마세요. 연상과 구조화를 하며,
   이해할 수 있도록 천천히 읽는 것이 핵심입니다. 충분히 이해하기 전에
   3번 단계로 넘어가지 않도록 해요!

6) 사용할 수 있는 구조화 도구들(예시)

❶ 공통점과 차이점, 비교와 대조

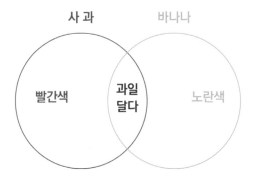

❷ 포함관계(상위-하위), 부분관계(부분-전체)

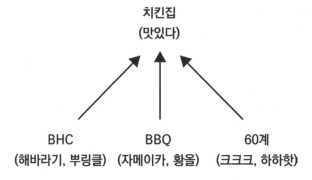

❸ 순서 및 절차

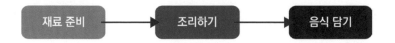

❹ 인과관계(원인과 결과)

*오른쪽의 지문을 읽고 뒷 페이지 노트에 답안을 적어주세요.

정답은 182쪽을 참고해 주세요.

①

의식주는 우리가 생활하는 데 꼭 필요한 세 가지 요소를 의미해요. 여기서 의는 '옷', 식은 '음식', 주는 '집'을 뜻해요.

먼저, '의'는 우리가 입는 옷이에요. 옷은 몸을 보호해 주고, 추위나 더위를 막아 주는 역할을 해요. 또, 옷을 통해 나를 표현할 수도 있습니다.

다음으로, '식'은 우리가 먹는 음식을 말해요. 음식은 우리에게 에너지를 주고, 건강을 유지하는 데 꼭 필요해요. 밥, 빵, 과일, 채소, 고기 등 다양한 음식이 있어요. 우리는 음식을 통해 맛있는 것을 즐길 수 있죠!

마지막으로, '주'는 우리가 사는 집을 뜻해요. 집은 우리를 안전하게 지켜 주는 공간이에요. 집에서는 가족과 함께 시간을 보내고, 편안하게 쉴 수 있죠. 집에는 방, 거실, 주방 등이 있어요.

이렇게 의식주는 우리 생활에 아주 중요한 역할을 해요. 의식주가 잘 갖추어져 있어야 건강하고 행복하게 살 수 있답니다.

*답안 예시

생활 요소

의(옷)　　　　식(음식)　　　　주(집)

가족 형태는 우리가 사는 방식과 가족 구성원이 어떻게 되어 있는지를 나타내는 중요한 개념이에요.

먼저, 핵가족은 부모와 결혼하지 않은 자녀로 이루어진 작은 가족이에요. 즉, 아빠, 엄마, 그리고 그들의 아이들이 함께 사는 가정을 말합니다. 핵가족은 요즘 도시에서 많이 볼 수 있는 형태예요. 가족끼리 더 가까운 관계를 유지할 수 있지만, 때로는 외로움을 느끼기도 해요. 왜냐하면, 주변에 다른 가족이 없기 때문이죠.

반면에, 결혼한 자녀와 부모가 같이 살면 확대가족이라고 얘기하지요. 즉, 할아버지나 할머니가 함께 살면 확대가족이라고 할 수 있어요. 이뿐만 아니라, 조부모, 이모, 삼촌, 사촌 등 다양한 친척들이 함께 살기도 해요. 보통 확대가족은 서로를 도와주고, 큰 가족의 사랑을 나눌 수 있는 장점이 있어요.

날개가 있는 동물들은 정말 다양해요! 날개를 가진 동물들은 하늘을 날며, 각자의 방식으로 생활해요.

먼저, 날 수 있는 새들이 있어요. 새들은 날개가 있어서 하늘을 자유롭게 날 수 있답니다. 예를 들어, 참새는 작고 빠르게 날아다니며 먹이를 찾고, 독수리는 높은 하늘에서 멀리까지 날아다니며 사냥을 해요.

다음으로, 날 수 있는 곤충들도 있어요. 곤충 중에서도 많은 종류가 날개를 가지고 있답니다. 나비는 아름다운 날개로 꽃 사이를 날아다니며 꿀을 먹고, 벌은 꽃에서 꽃으로 이동하며 꽃가루를 옮기는 중요한 역할을 해요. 또, 모기는 작은 몸으로 날아다니며 피를 빨아먹기도 해요.

마지막으로, 날개가 있지만 날지 못하는 동물들도 있어요. 키위라는 새는 날개가 있지만, 날 수 없는 대신 땅에서 잘 뛰어다니며 살아가요. 키위는 뉴질랜드에서만 사는 독특한 새예요. 타조는 큰 몸집을 가졌지만, 날지는 못하고 뛰어다니며 빠른 속도로 이동하는 특징이 있어요.

이렇게 날개가 있는 동물들은 각자 특별한 방법으로 세상을 살아가고 있어요.

　우리가 자주 다니는 운동장과 화단에는 흙이 있지만, 그 흙은 서로 다르게 만들어져 있어요.

　먼저, 운동장은 많은 친구가 뛰놀고, 운동하는 곳이에요. 그래서 운동장의 흙은 딱딱하고 고르며, 자주 밟히기 때문에 알갱이가 작고 단단하게 되어 있어요. 운동장에서는 축구를 하거나 달리기를 하므로, 흙은 일반적으로 평평하고 먼지가 날리는 경우가 많답니다. 비가 온 뒤에는 운동장의 흙이 물 빠짐이 좋고, 차가워지기 때문에 더 단단해지는 느낌이 들어요.

　반면에, 화단의 흙은 조금 다른 특징을 가지고 있어요. 화단은 꽃이나 나무를 기르는 곳이기 때문에 흙이 부드럽고 촉감이 좋으며, 영양분이 많이 포함되어 있어요. 화단의 흙은 식물이 잘 자랄 수 있도록 만들어져 있답니다. 이 흙은 주로 갈색이나 검은색을 띠고 있으며, 식물이 자라기 좋은 환경을 만들어 주기 때문에 흙이 푹신하고 부드러워요. 화단의 흙에는 식물의 뿌리가 잘 자랄 수 있도록 도와주는 미생물도 많이 살고 있어요.

　결론적으로, 운동장의 흙과 화단의 흙은 각각 다른 특징을 가지고 있어요. 운동장의 흙은 단단하고 고르며 알갱이가 작고 먼지가 날리는 반면, 화단의 흙은 부드럽고 촉감이 좋으며 영양이 풍부해 식물이 잘 자랄 수 있어요. 이렇게 서로 다른 흙들은 각자의 용도에 맞게 우리에게 중요한 역할을 하고 있답니다!

⑤

우리가 사는 지역에는 중요한 일들이 모여 이루어지는 장소들이 있습니다. 이런 장소를 중심지라고 부르며, 사람들이 생활하거나 일하는 데 꼭 필요한 역할을 합니다. 중심지는 그곳에서 어떤 일이 이루어지느냐에 따라 여러 종류로 나눌 수 있습니다.

행정 중심지는 나라나 도시를 관리하는 곳입니다. 시청이나 구청처럼 법을 만들고 사람들의 생활을 돕는 역할을 합니다. 이곳이 없다면 도시나 나라를 제대로 관리하기 어렵겠죠.

상업 중심지는 물건을 사고파는 장소로, 시장이나 백화점, 쇼핑몰 같은 곳이 이에 해당합니다. 이곳에서 사람들이 필요한 물건을 사고팔며 경제활동이 이루어집니다.

산업 중심지는 물건을 만드는 공장이 모여 있는 곳입니다. 자동차나 전자제품 같은 물건들이 이곳에서 생산되어 다른 지역으로 보내집니다. 많은 사람이 여기서 일하며 물건을 만들어 냅니다.

관광 중심지는 사람들이 여행을 가서 쉬고 즐기는 장소입니다. 자연경관이 아름답거나 유명한 건축물이 있는 곳이 관광 중심지가 됩니다. 이곳이 발달하면 많은 관광객이 찾아오게 되어 그 지역은 더욱 활기를 띠게 됩니다.

이처럼 중심지는 각기 다른 역할을 하며, 우리가 살아가는 데 중요한 기능을 합니다.

퇴적물이란 물, 바람, 얼음 같은 자연의 힘에 의해 이동한 흙, 모래, 자갈 등이 쌓인 것을 말합니다. 이러한 퇴적물들이 쌓이고 오랜 시간이 지나면서 압력을 받아 굳어지면 퇴적암이 됩니다. 퇴적암은 우리가 쉽게 볼 수 있는 암석 중 하나로, 다양한 크기와 종류가 있습니다.

이암은 가장 작은 알갱이로 이루어진 퇴적암입니다. 이암의 알갱이는 주로 진흙 같은 아주 미세한 입자들로 되어 있습니다. 진흙은 물이 천천히 흐르거나 고인 곳에서 가라앉아 쌓이기 때문에, 이암은 대개 물이 고요한 환경에서 형성됩니다.

사암은 중간 크기의 알갱이로 만들어진 퇴적암입니다. 모래가 주된 재료로, 모래는 물이나 바람에 의해 쉽게 이동되다가 차곡차곡 쌓입니다. 사암은 물이 흐르거나 바람이 많이 부는 환경에서 주로 형성되며, 모래가 오랜 시간에 걸쳐 쌓이고 굳어지면서 만들어집니다.

역암은 가장 큰 알갱이로 이루어진 퇴적암입니다. 이 알갱이들은 주로 자갈이나 돌 같은 크고 무거운 물질들입니다. 역암은 주로 강가나 바닷가 등에서 큰 자갈들이 쌓이면서 형성됩니다. 물의 힘이 강할 때 큰 자갈들이 이동하여 한곳에 모여 쌓이게 되는 것이죠.

이처럼 퇴적암은 알갱이의 크기와 쌓인 환경에 따라 그 종류가 다양해집니다.

화석은 과거에 살았던 동물이나 식물의 흔적이 땅속에 오랜 시간 동안 묻혀 돌처럼 굳어진 것을 말합니다. 이런 화석들은 우리가 과거의 생명체와 환경을 알아보는 데 중요한 단서가 되죠.

동물 화석은 오래전에 살았던 동물들의 뼈나 발자국이 돌로 변한 것입니다. 공룡의 뼈나 발자국 화석이 대표적입니다. 예를 들어, 공룡의 발자국 화석은 그 공룡이 어떤 곳에서 살았고, 어떻게 움직였는지를 알려 줍니다. 이런 동물 화석을 통해 과거에 존재했던 생명체의 모습을 알아볼 수 있어요.

식물 화석은 오래된 나무나 잎사귀가 돌처럼 변한 것을 말합니다. 나무줄기나 나뭇잎이 남아 있는 식물 화석은 당시 어떤 식물이 자랐고, 그 시기의 기후가 어땠는지를 보여 줍니다. 예를 들어, 나뭇잎 화석을 보면 그 식물이 어떤 환경에서 자랐는지 추측할 수 있습니다.

그러나 고인돌이나 시멘트 위에 남은 사람 발자국은 화석이 아닙니다. 그 이유는 화석이 되려면 매우 오랜 시간이 걸리고, 자연적으로 돌처럼 굳어야 하기 때문이에요. 고인돌은 사람들이 만든 무덤이고, 시멘트 위의 발자국은 최근에 생긴 것이기 때문에, 화석으로 분류되지 않습니다.

이처럼 화석은 자연적으로 아주 오래된 생명체의 흔적이 돌로 굳어진 것이며, 우리는 이를 통해 과거를 알아볼 수 있습니다.

한해살이 식물은 씨앗을 심은 후 한 해 동안 자라서 꽃을 피우고 열매를 맺은 뒤, 그해 겨울이 되면 죽는 식물입니다. 강낭콩, 벼, 옥수수, 호박 같은 식물들이 한해살이 식물에 속합니다. 이런 식물들은 한 해 동안 생을 마치고, 다시 씨앗에서 새로 자라나야 합니다.

반면, 여러해살이 식물은 여러 해 동안 계속 살아남는 식물입니다. 한 번 심으면 매년 봄마다 다시 자라 꽃을 피우고 열매를 맺습니다. 개나리, 감나무, 사과나무, 무궁화나무가 대표적인 여러해살이 식물입니다. 이 식물들은 해가 바뀔 때마다 더 크고 튼튼하게 자라면서 오랜 기간 생명을 유지합니다.

두 식물은 자라는 방식에서 차이가 있습니다. 한해살이 식물은 한 해 동안만 자라고 그해에 생을 마치는 반면, 여러해살이 식물은 매년 다시 자라면서 오랜 기간 살아남습니다. 하지만 두 식물 모두 씨앗에서 자라나고 열매를 맺는다는 공통점을 가지고 있습니다.

이처럼 식물들은 자라는 기간과 방식에 따라 한해살이와 여러해살이로 나뉘며, 각각의 방법으로 생명을 이어가고 있습니다.

　세상의 자원은 모두 한정되어 있습니다. 우리가 사용하는 물건, 에너지, 음식 등은 무한하지 않기 때문에, 사람들은 자원을 사용할 때 항상 선택해야 합니다. 이처럼 자원이 부족하면 하나를 선택하는 대신 다른 것을 포기해야 하는 상황이 발생합니다. 이를 선택의 문제라고 합니다.

　예를 들어, 주어진 돈으로 여러 물건을 사야 할 때, 원하는 모든 물건을 살 수 없기에 우선순위를 정해 선택하게 됩니다. 만약 신발과 책 중 하나만 살 수 있다면 어떤 것이 더 필요한지 결정해야 하죠. 이런 선택을 해야 하는 이유는 바로 자원의 희소성 때문입니다.

　자원이 부족하다는 사실은 경제활동에서 매우 중요한 역할을 합니다. 기업이나 개인은 자원이 한정되어 있으니, 자원을 어떻게 나누어 쓸지 신중하게 결정해야 합니다. 만약 자원이 풍부하다면 이런 고민을 덜 할 수 있겠지만, 자원이 한정되어 있기에 사람들은 무엇을 먼저 생산하거나 소비할지를 선택해야만 합니다.

　결국, 자원이 한정된 상황에서는 모든 것을 가질 수 없기에 사람들은 선택해야 하며, 이 선택은 경제활동에서 중요한 결정의 기준이 됩니다.

증발과 끓음은 모두 액체가 기체로 변하는 현상이지만, 그 과정과 조건에는 차이가 있습니다.

증발은 액체 표면에서 일어나는 현상입니다. 이때, 온도가 높지 않더라도 표면에 있는 물 분자들이 기체로 변하게 됩니다. 예를 들어, 컵에 담긴 물이 서서히 증발해서 시간이 지나면 물의 양이 줄어드는 것을 볼 수 있습니다. 증발은 주로 온도와 상관없이 액체의 표면에서 천천히 일어나며, 언제든지 공기 중으로 수분이 날아갈 수 있습니다.

끓음은 액체가 일정 온도에 도달했을 때, 즉 끓는점에서 액체 전체에서 일어나는 현상입니다. 끓음은 액체의 표면뿐만 아니라 내부에서도 동시에 발생합니다. 물이 끓기 시작하면 물속에서 공기 방울이 생겨나고, 그 방울이 액체 전체로 올라와 터지며 수증기로 변합니다. 예를 들어, 물을 가열할 때 100도에 도달하면 물 전체가 끓기 시작합니다.

요약하면, 증발은 온도가 낮아도 액체 표면에서 천천히 일어나는 현상인 반면, 끓음은 일정 온도 이상에서 액체 전체가 빠르게 기체로 변하는 현상입니다.

물은 지구에서 끊임없이 순환하며, 여러 형태로 변합니다. 이 과정을 물의 순환이라고 합니다. 물의 순환은 바다, 강, 지하수, 식물 등 다양한 자연 요소들과 함께 이루어집니다.

모든 것은 바다나 강물에서 시작됩니다. 태양이 바닷물이나 강물을 데우면 물이 증발하여 수증기가 됩니다. 이 수증기는 공기 중으로 올라가서 구름을 형성하게 됩니다. 구름이 차가운 공기를 만나게 되면 수증기는 다시 물방울로 변하면서 비로 내리게 됩니다.

비는 땅으로 떨어지면서 여러 가지 경로를 따르게 됩니다. 일부는 지하수로 스며들어 땅속에서 흐르고, 일부는 강을 타고 흘러 바다로 돌아갑니다. 또 식물들은 뿌리를 통해 지하의 물을 흡수하고, 그 물은 다시 식물의 잎을 통해 증발하여 공기 중으로 돌아갑니다. 이렇게 식물도 물의 순환에 중요한 역할을 합니다.

결국, 바다로 돌아간 물은 다시 증발하고, 수증기로 변해 구름을 만들며 물의 순환은 계속해서 반복됩니다.

   법은 우리가 사회에서 규칙을 지키며 살아갈 수 있도록 만들어진 규범입니다. 법은 사람들이 함께 어울려 살면서 지켜야 할 기준을 정해 줍니다. 이 법 덕분에 사회는 질서를 유지하고, 사람들은 안전하게 생활할 수 있습니다.

   먼저, 법은 사회 질서를 유지하는 중요한 역할을 합니다. 법이 없다면 사람들은 서로 다른 기준으로 행동하게 되어 갈등이 생기고, 혼란스러운 사회가 될 수 있습니다. 하지만 법이 있으면 사람들이 무엇을 해야 하고, 하지 말아야 할지를 알 수 있어서 서로 간의 갈등을 줄일 수 있습니다. 예를 들어, 교통법이 있어 사람들이 신호를 지키며 운전하듯이, 법은 사회가 원활하게 돌아가도록 돕는 역할을 합니다.

   또한, 법은 개인의 권리를 보장해 줍니다. 법은 누구나 차별받지 않고 공정하게 대우받을 수 있도록 보호합니다. 만약 누군가가 다른 사람의 권리를 침해하거나 해를 입힌다면 법이 이를 바로잡고, 피해자를 보호해 줍니다. 예를 들어, 계약서를 통해 우리의 재산을 보호하거나 인권을 침해당했을 때 법적으로 대응할 수 있는 권리를 제공합니다.

   결국, 법은 사회 질서를 유지하고, 개인의 권리를 보호하면서 모두가 공정하고 안전하게 살아갈 수 있도록 돕는 중요한 역할을 합니다.

태양계는 태양을 중심으로 여러 천체가 함께 움직이는 시스템입니다. 태양계를 이루는 구성원들은 서로 각기 다른 궤도를 따라 움직입니다. 태양계의 주요 구성원으로는 태양, 행성, 위성, 소행성, 혜성 등이 있습니다.

가장 중심에 있는 것은 태양입니다. 태양은 태양계에서 가장 큰 천체로, 우리에게 빛과 열을 제공하는 매우 중요한 존재입니다. 태양의 강한 중력 때문에 나머지 천체들이 태양 주위를 공전하게 됩니다.

태양 주위를 도는 행성들은 태양계의 또 다른 구성원입니다. 우리에게 익숙한 행성으로는 수성, 금성, 지구, 화성, 목성, 토성, 천왕성, 해왕성이 있습니다. 이 행성들은 태양을 중심으로 각각 다른 궤도를 돌고 있으며, 크기와 성질도 다릅니다.

위성은 행성 주위를 도는 작은 천체들입니다. 대표적으로 달은 지구의 위성입니다. 다른 행성들도 위성을 가지고 있으며, 목성 같은 큰 행성은 수많은 위성을 가지고 있습니다.

또한, 소행성과 혜성도 태양계의 구성원입니다. 소행성은 행성보다 훨씬 작은 돌덩이 같은 천체로, 주로 화성과 목성 사이의 소행성대에서 발견됩니다. 혜성은 얼음과 먼지로 이루어진 천체로, 태양 가까이 올 때 꼬리가 생기는 모습으로 유명합니다. 이처럼 태양계는 태양을 중심으로 다양한 천체들이 함께 움직이며 이루어진 거대한 시스템입니다.

⑭

물질이 서로 섞이는 과정에서 등장하는 중요한 개념들이 용질, 용매, 용해, 용액입니다. 이 용어들은 물질이 섞여서 하나의 새로운 혼합물이 될 때 사용됩니다.

용질은 어떤 물질이 다른 물질에 녹는 물질을 말합니다. 예를 들어, 설탕을 물에 넣으면 설탕이 바로 용질이 됩니다.

용매는 용질을 녹이는 역할을 하는 물질입니다. 위의 예에서 물은 용매가 됩니다. 용매는 용질을 받아들여서 서로 섞이게 만드는 역할을 합니다. 물 외에도 알코올, 기름 등 여러 가지 물질이 용매가 될 수 있습니다.

용해는 용질이 용매에 녹아 들어가는 과정을 의미합니다. 설탕이 물에 들어가 사라지는 것처럼 보이는 것이 용해입니다. 이 과정에서 용질과 용매가 균일하게 섞이게 됩니다.

마지막으로, 용액은 용질이 용매에 완전히 녹아 생긴 혼합물을 말합니다. 설탕이 완전히 녹은 설탕물은 용액이 됩니다. 이때 용질과 용매는 서로 구분되지 않고 하나의 물질처럼 보입니다. 따라서, 용질이 용매에 녹아 용해 과정을 거쳐 만들어진 것이 바로 용액입니다.

신라는 삼국을 통일하기 위해 여러 단계를 거쳤습니다. 첫 번째로, 신라는 강력한 외세의 힘을 빌리기 위해 당나라와 손을 잡았습니다. 이를 나당 동맹이라고 하며, 이 동맹을 통해 신라는 군사적으로 큰 힘을 얻게 되었습니다.

두 번째로, 신라와 당나라의 힘을 합친 나당연합군은 먼저 백제를 공격하여 백제를 멸망시켰습니다. 백제의 왕이었던 의자왕은 결국 항복하게 되었고, 백제는 신라와 당나라 연합군에 의해 무너졌습니다.

그다음으로, 신라는 당나라의 도움을 받아 고구려를 공격했습니다. 고구려는 오랫동안 신라와 대립하며 강한 나라였지만, 연이은 전쟁과 내부 혼란으로 약해져 있었습니다. 결국 고구려도 신라와 당나라 연합군에 의해 멸망하게 됩니다.

마지막으로, 신라는 당나라와 함께 삼국을 통일하는 듯 보였지만, 이후 나당전쟁이 벌어졌습니다. 당나라는 신라를 도와 삼국을 통일한 뒤, 한반도를 지배하려 했습니다. 그러나 신라는 이를 막기 위해 당나라와 전쟁을 벌였고, 끝내 승리하여 당나라 세력을 몰아냈습니다. 이를 통해 신라는 진정한 삼국 통일을 이루게 되었습니다.

이처럼 신라는 나당 동맹을 통해 백제와 고구려를 차례로 멸망시키고, 당나라와의 전쟁에서도 승리하면서 삼국을 통일할 수 있었습니다.

1950년 6월 25일, 북한이 남한을 무력으로 통일하려는 계획을 세우고, 소련의 도움을 받아 군사력을 키운 뒤 남침을 감행했습니다. 전쟁이 시작되면서 북한군은 빠르게 남쪽으로 진격하여 한때 서울을 점령하기도 했습니다.

하지만 남한을 돕기 위해 국제 연합군이 참전하게 되었고, 국군과 함께 반격을 시작했습니다. 이때 인천상륙작전이라는 중요한 전투가 있었는데, 이 작전의 성공으로 국군과 연합군은 서울을 되찾고, 북한군을 북쪽으로 몰아내기 시작했습니다.

그런데 북한을 돕기 위해 중국군이 전쟁에 개입하게 되었습니다. 중국군은 대규모 병력을 투입해 다시 전세를 역전시키며, 전쟁은 남과 북이 치열하게 싸우는 상황으로 이어졌습니다.

결국, 전선은 남북 사이에서 고착 상태에 빠졌고, 어느 쪽도 결정적인 승리를 거두지 못하게 되었습니다. 이로 인해 전쟁은 계속되었지만, 1953년 휴전 협정이 체결되면서 전쟁은 멈추게 되었습니다. 그러나 휴전 협정은 평화 조약이 아니있기 때문에 남 북한은 여전히 전쟁 상태로 남아 있으며, 분단 상황은 계속되고 있습니다.

6·25 전쟁은 수많은 희생자를 낳았으며, 남한과 북한의 갈등은 이 전쟁 이후에도 계속 이어졌습니다.

⑰

생태계는 생물과 그 주변 환경이 서로 영향을 주고받으며 살아가는 공간을 말합니다. 생태계는 크게 두 가지로 나눌 수 있습니다. 생물을 둘러싼 환경인 비생물 요소와 실제로 그 안에서 살아가는 생물 요소입니다.

먼저 비생물 요소는 생물이 아닌 것들이며, 생물이 살아가는 데 필요한 환경을 말합니다. 여기에는 햇빛, 공기, 물, 온도, 그리고 땅을 이루는 토양 등이 포함됩니다. 예를 들어, 식물은 햇빛과 물이 있어야 자라고, 동물은 숨을 쉬기 위해 공기와 물이 필요합니다. 이처럼 비생물 요소는 생물들이 살아갈 수 있도록 필요한 조건을 제공해 줍니다.

그다음으로 생물 요소는 생태계 안에서 실제로 살아가며 서로 관계를 맺고 있는 생명체들입니다. 생물 요소는 크게 세 가지로 나눌 수 있습니다.

첫 번째는 식물처럼 스스로 영양분을 만들어 내는 생산자, 두 번째는 다른 생물들을 먹고 살아가는 소비자, 그리고 마지막은 죽은 생물이나 낡은 물질을 분해해 다시 생태계로 돌려주는 분해자입니다. 식물은 햇빛을 이용해 스스로 양분을 만들고, 동물들은 다른 생물들을 먹으며, 미생물이나 곰팡이 같은 분해자들은 생태계에서 물질을 순환시키는 역할을 합니다.

이처럼 비생물 요소와 생물 요소는 서로 영향을 주며 생태계를 유지하고, 생명체들은 이 속에서 상호작용하며 살아가고 있습니다.

NOTE

삼권분립은 국가 권력을 3가지로 나누어 서로 견제하고 균형을 이루도록 하는 제도입니다. 이 제도는 권력이 한곳에 집중되지 않도록 하여, 국가가 더 공정하고 효율적으로 운영되도록 돕습니다. 삼권분립은 입법부, 행정부, 사법부로 나뉩니다.

먼저, 입법부는 법을 만드는 역할을 합니다. 우리나라에서는 국회가 입법부의 역할을 하며, 국회의원들이 법을 제정하거나 수정하는 일을 합니다. 입법부는 국민의 의견을 반영하여 새로운 법을 만들고, 기존의 법을 개정합니다.

행정부는 입법부에서 만든 법을 실행하고, 국가 운영을 책임지는 기관입니다. 대통령을 중심으로 정부가 행정부를 이루며, 국민의 삶과 관련된 여러 정책을 집행하고, 나라를 운영하는 데 필요한 다양한 업무를 수행합니다.

마지막으로, 사법부는 법을 해석하고, 법을 어긴 사람들을 심판하는 역할을 합니다. 우리나라에서는 법원과 판사들이 사법부의 역할을 맡고 있으며, 법을 공정하게 적용하여 분쟁을 해결하거나 범죄를 처벌하는 일을 합니다.

삼권분립의 목적은 각 권력이 서로를 감시하고 견제함으로써 권력이 남용되지 않도록 하고, 국민의 권리를 보호하는 것입니다. 이 제도는 국가가 더 공정하게 운영될 수 있도록 돕는 중요한 원칙입니다.

불은 생활 속에서 매우 유용하지만, 동시에 위험할 수 있습니다. 그래서 불에 대해 잘 이해하는 것이 중요합니다. 불과 관련된 두 가지 중요한 개념이 있는데, 그것이 바로 연소와 소화입니다. 이 두 개념은 서로 반대되는 성질을 가지고 있습니다.

먼저 연소는 물질이 타는 현상을 말합니다. 불이 나기 위해서는 세 가지가 꼭 필요합니다. 첫 번째는 산소입니다. 공기 중에 있는 산소가 없으면 불은 탈 수 없습니다. 두 번째로는 열이 필요합니다. 물질이 연소하려면 어느 정도 뜨거워야 합니다. 마지막으로 필요한 것은 탈 물질입니다. 불에 탈 수 있는 물질이 있어야 불이 붙을 수 있습니다.

반대로 소화는 불을 끄는 것을 의미합니다. 불을 끄기 위한 방법은 세 가지가 있습니다. 첫 번째는 산소를 차단하는 것입니다. 물이나 다른 방법으로 불이 산소를 받지 못하게 하면 불이 꺼집니다. 두 번째 방법은 온도를 낮추는 것입니다. 물을 뿌려서 물질의 온도를 발화점 이하로 내리면 불이 더 이상 타지 못하게 됩니다. 세 번째는 탈 물질을 제거하는 것입니다. 불에 탈 수 있는 물질을 치우면 불이 꺼집니다.

두 가지 개념을 알면 불이 어떻게 발생하고 어떻게 꺼질 수 있는지를 쉽게 알 수 있습니다. 불에 대한 이해는 우리의 안전에 매우 중요한 역할을 합니다.

우리 몸은 외부에서 오는 자극에 반응하기 위해 여러 기관이 협력합니다. 이 과정을 통해 우리는 주변 환경을 이해하고, 그에 맞게 행동할 수 있습니다. 이 과정은 크게 감각 기관, 신경계, 운동 기관이 중요한 역할을 합니다.

먼저 감각 기관은 외부에서 오는 자극을 받아들이는 역할을 합니다. 눈, 귀, 코, 피부, 혀 같은 감각 기관들은 각각 빛, 소리, 냄새, 촉감, 맛과 같은 다양한 자극을 받아들입니다.

그다음, 이 자극은 신경계를 통해 전달됩니다. 감각 기관이 받은 자극은 신경을 통해 뇌로 전해지고, 뇌는 이 자극을 해석합니다. 이를 정보 해석이라고 하며, 이 과정에서 뇌는 어떤 행동을 할지 결정합니다.

결정이 내려지면 뇌는 운동 기관에 명령을 내립니다. 이 명령 역시 신경계를 통해 전달되며, 운동 기관은 그 명령에 따라 움직입니다. 예를 들어, 손을 불에서 멀리 움직이거나 공을 잡는 것과 같은 행동이 일어나게 됩니다.

이렇게 자극이 전달되고 반응하는 과정은 우리 몸이 외부 환경에 적절히 대처할 수 있도록 도와줍니다. 감각 기관이 자극을 받아들이고, 신경계를 통해 정보가 해석된 후, 운동 기관이 명령을 받아 움직이는 일련의 과정이 매우 빠르게 이루어집니다.

거짓말을 하지 말아야 하는 이유는 매우 중요합니다.

첫째, 거짓말을 하면 신뢰를 잃게 됩니다. 신뢰는 친구, 가족, 동료 등과의 관계에서 매우 중요한 요소입니다. 한 번 거짓말하게 되면 사람들은 그 말을 믿지 않게 되고, 관계가 악화될 수 있습니다. 신뢰를 잃으면 그 관계를 회복하는 데 오랜 시간이 걸리거나 때로는 영원히 되돌릴 수 없을지도 모릅니다.

또한 거짓말은 더 큰 문제로 이어질 수 있습니다. 작은 거짓말이 쌓이다 보면 더 큰 거짓말을 해야 하고, 상황이 점점 복잡해집니다. 결국 자신이 통제할 수 없는 문제로 발전할 수도 있습니다. 이런 상황에서 불필요한 스트레스와 불안감이 생길 수 있죠.

거짓말은 내적인 불편함과 죄책감을 유발합니다. 거짓말을 하게 되면 마음속에 무거운 짐이 생기고, 진실을 숨기고 있다는 사실이 자신을 괴롭히게 됩니다. 이러한 죄책감은 스스로를 불편하게 하고, 장기적으로는 정신 건강에도 나쁜 영향을 미칠 수 있습니다.

마지막으로, 거짓말은 결과적으로 자신에게 손해를 끼칩니다. 거짓말을 통해 일시적인 이익을 얻을 수 있을지 몰라도, 결국 그로 인해 잃는 것은 매우 큽니다. 정직하게 사는 것이야말로 다른 사람들의 신뢰를 얻고, 더 건강한 관계를 유지하며, 자신의 마음의 평화를 지키는 가장 좋은 방법입니다.

정 리

　공부는 단순히 책을 읽고 외우는 활동이 아니라, 세상의 다양한 정보를 나의 지식으로 바꾸는 여정이에요. 이를 위해 여러 과정을 거쳐야 해요.

　먼저, 세상에는 수많은 정보가 존재해요. 이 정보를 나의 지식으로 만들려면 입력 과정이 필요합니다. 정보를 머릿속에 담으려면 글을 읽고 이해하는 문해력도 중요하죠. 교과서나 책에서 얻은 개념을 잘 받아들이는 것이 공부의 첫걸음이에요.

　입력된 정보를 오래 기억하려면 저장하는 과정이 필요해요. 여기에서 정보를 시각화하거나 체계적으로 정리하는 연상과 구조화가 큰 도움이 됩니다. 복잡한 개념을 간단한 그림이나 이미지로 떠올리거나 중요한 개념들끼리 연결해 두면 훨씬 기억에 오래 남아요. 나만의 방식으로 정보를 연결하고 정리하면서 머릿속에서 자연스럽게 체계화되도록 연습해 보세요.

　입력하고 저장한 내용은 출력해 보는 게 좋아요. 출력을 통해 진짜로 이해했는지 확인할 수 있습니다. 대표적으로 파인만 학습법을 사용해, 배운 내용을 다른 사람에게 설명해 보거나 백지에 기억을 토대로 내용을 적어 보는 방법이 있어요. 이 과정은 내가 이해한 부분과 부족한 부분을 명확하게 파악하는 데 큰 도움을 줍니다. 설명하다가 막히는 부분이 있다면 그 부분이 아직 완전히 이해되지 않은 것일 수 있죠.

메타인지는 내가 알고 있는 것과 모르는 것을 스스로 파악하는 능력으로, 공부의 모든 단계에서 일어나요. 특히 출력을 시도할 때 내가 무엇을 이해했고, 무엇이 부족한지 자연스럽게 알 수 있어요. 이 과정을 통해 부족한 부분을 점검하고, 다시 학습해야 할 부분을 명확히 할 수 있답니다.

마지막으로, 부족한 부분을 피드백을 통해 보완합니다. 이 과정에서 미흡했던 부분을 다시 학습하면서 보완된 지식이 더욱 견고해지고, 기억에도 오래 남게 돼요.

공부는 단순한 암기가 아니라, 세상에서 얻은 정보를 받아들이고 나의 지식으로 체계화하여 다시 표현하는 과정이에요. 이 과정이 익숙해지면 공부는 더욱 재미있고 쉬워질 거예요. 세상의 정보를 나의 지식으로 만드는 여정을 즐기며, 효과적인 학습 습관을 만들어 보세요!

제10장

질문하기

공부의 각 과정을 거친 후, 우리가 얻은 정보를 더 깊이 이해하고 확장하기 위해서는 질문하는 과정이 중요해요. 질문은 단순히 주어진 내용을 이해하는 데 그치지 않고, 생각의 폭을 넓히고 탐구심을 키우는 데 도움을 줍니다. 마치 메타인지 과정에서 자신의 이해도를 점검하듯, 질문을 통해 학습을 한 단계 더 발전시킬 수 있습니다.

물론, 질문은 자연스럽게 떠오를 때 가장 효과적이지만, 연습을 통해 질문을 만드는 능력을 키우는 것도 의미가 있어요. 질문을 만드는 과정은 내가 알고 있는 것과 더 알고 싶은 것을 명확히 구분하는 데도 큰 도움이 됩니다.

우선 질문은 크게 좁은 질문과 넓은 질문, 두 가지로 나눌 수 있습니다.

❶ 좁은 질문은 주어진 글에서 답을 바로 찾을 수 있는 질문입니다. 예를 들어, '이 글에서 물이 순환하는 과정은 어떻게 설명되었나요?'와 같은 질문은 글의 내용을 그대로 활용해 답할 수 있습니다.

❷ 반면 넓은 질문은 글에 직접 답이 나와 있지 않고, 생각과 상상을 통해 답을 만들어야 하는 질문입니다. 예를 들어, '물이 순환하지 않는다면 지구의 환경은 어떻게 변할까요?'와 같은 질문은 더 깊이 있는 사고를 요구합니다.

이제, 질문을 세 가지 유형으로 확장하여 살펴보겠습니다. 사실적 질문, 해석적 질문, 적용적 질문입니다.

📖 1. 사실적 질문

사실적 질문은 주어진 글이나 자료에서 바로 답을 찾을 수 있는 질문입니다.
이 질문은 정보를 정확하게 이해하고 기억하는 데 도움이 됩니다.

TIP 사실적 질문을 만들 때는 '누가', '무엇을', '언제', '어디서'와 같은 단어로 시작해 보세요. 이렇게 하면 글의 주요 내용을 빠르게 확인할 수 있습니다.

1) 물이 증발하여 무엇이 되나요?

2) 조선 시대의 왕 중 세종대왕은 무엇으로 유명했나요?

3) 동화에서 주인공은 왜 마법의 숲으로 갔나요?

📖 2. 해석적 질문

해석적 질문은 주어진 내용을 조금 더 깊이 이해하고, 그 의미를 파악하는 데
도움이 되는 질문입니다.

TIP 해석적 질문을 만들 때는 '왜'나 '어떻게'로 시작하여 글의 이유나 과정에 대해 생각해 보세요. 이 질문은 단순한 사실을 넘어서 내용을 이해하는 데 도움이 됩니다.

1) 광합성 과정이 왜 식물에게 중요한가요?

2) 왜 조선 시대에는 한글 창제가 중요한 사건이었나요?

3) 이야기 속에서 주인공이 친구를 떠난 이유는 무엇인가요?

3. 적용적 질문

적용적 질문은 주어진 내용을 새로운 상황이나 현실에 적용해 보는 질문입니다. 이 질문은 창의적 사고를 유도하고, 문제 해결 능력을 키웁니다.

TIP

적용적 질문을 만들 때는 '만약', '어떻게 된다면'과 같은 가정법을 사용해 보세요. 이런 질문은 글의 내용을 다른 상황에 적용하거나 상상력을 발휘할 수 있도록 도와줍니다.

1) 만약 물이 증발하지 않는다면 우리의 일상생활에 어떤 변화가 생길까요?

2) 만약 조선 시대에 한글이 만들어지지 않았다면 우리의 문화는 어떻게 변했을까요?

3) 만약 이야기 속 주인공이 마법의 숲에서 길을 잃지 않았다면 이야기는 어떻게 달라졌을까요?

이런 팁과 예시를 활용해 질문을 만들어 보면 글의 내용을 더 잘 이해하고, 다양한 관점에서 생각할 수 있을 것입니다. 질문을 만드는 연습은 글을 읽는 데서 끝나지 않고, 더 넓은 사고의 세계로 여러분을 안내할 거예요.

공부가 인생의 전부가 아닙니다. 세상에는 공부보다도 더 소중하고 의미 있는 것들이 많습니다. 그리고 꼭 공부를 잘해야만 모든 문제가 해결되는 것도 아니에요. 그럼에도 불구하고, 이 책에서 다룬 내용을 잘 배워 두면 공부는 물론, 앞으로 맞이할 여러 도전 속에서도 큰 힘이 될 것입니다.

여러분이 공부 스트레스로 지친 모습을 볼 때, 안타까운 마음이 들곤 했습니다. 모든 순간이 어렵게 느껴지고 자신감을 잃을 때도 있겠지요. 그런 감정들은 너무나도 자연스러운 것이니까요.

사실, 선생님도 문제만 열심히 풀면 된다고 생각했어요. 그러나 시간이 지나면서 진정한 학습은 단순히 문제를 푸는 것이 아니라 스스로 이해하고 기억하며, 생각을 정리하는 데 있다는 걸 깨달았죠. 물론 처음엔 낯설고 어렵게 느껴지겠지만, 조금씩 연습하다 보면 점점 자신감이 붙을 것입니다.

이 책은 단순히 시험 점수를 잘 받기 위한 것이 아니라, 여러분이 스스로의 능력을 믿고, 학습하며 그 과정에서 즐거움을 찾기를 바라는 마음으로 썼습니다. 공부가 의무가 아닌, 자신을 성장시키고 꿈에 한 발짝 더 다가가는 여정이 되길 바랍니다. 이 책의 내용이 여러분의 마음속 꿈을 이루는 데 작은 길잡이가 되기를 바랍니다.

언제나 여러분의 노력과 성장을 응원하며, 여러분이 겪는 어려움과 고민을 이해해요. 여러분은 생각보다 훨씬 더 큰 가능성을 지니고 있답니다. 힘든 순간이 올 때마다 이 책의 내용을 떠올리고, 한 걸음 더 나아갈 용기를 내 보세요. 선생님은 항상 여러분의 여정을 응원할 것이고, 여러분이 스스로의 힘을 발견하며 나아가길 진심으로 바랍니다.

여러분은 원하는 것을 할 수 있는 존재라는 사실을 기억하세요.

정답

✎ 관계 파악 및 그리기 연습

① 동물, 육식동물, 초식동물 (포함관계)

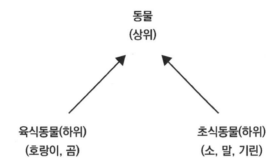

② 삼국시대, 고구려, 백제, 신라 (부분관계)

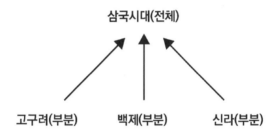

③ 학교, 초등학교, 중학교, 고등학교 (포함관계)

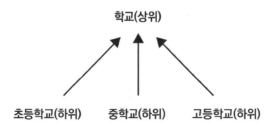

④ 비행기, 날개, 엔진, 바퀴 (부분관계)

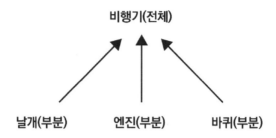

⑤ 공놀이, 축구, 농구, 야구 (포함관계)

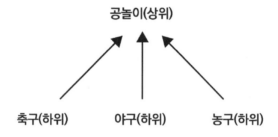

⑥ 떡볶이, 순대, 튀김, 분식 (포함관계)

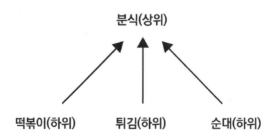

⑦ FC온라인, 마인크래프트, 게임, 로블록스 (포함관계)

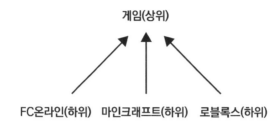

⑧ 여자아이돌, 뉴진스, 아이들, 블랙핑크 (포함관계)

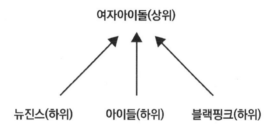

⑨ 피곤하다, 늦게 잔다 (인과관계)

⑩ 생태계, 비생물 요인, 생물 요인 (부분관계)

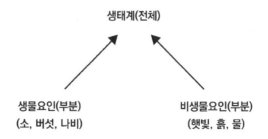

⑪ 소리 지르다, 목이 아프다 (인과관계)

⑫ 기독교, 종교, 불교, 힌두교 (포함관계)

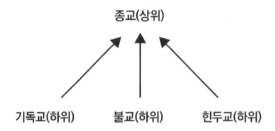

⑬ 냄새난다, 방귀 뀌다 (인과관계)

⑭ 설명하기, 내용 정리하기, 다시 보기 (순서 및 절차)

⑮ 맛있게 먹기, 냄비와 물 준비, 물 끓이기, 면과 스프 넣기 (순서 및 절차)

✎ 문단에서 중요한 부분 찾기

1. ② 동물 간의 상호 도움
2. ② 광합성의 중요성
3. ④ 태양계와 행성들의 공전
4. ② 평화의 중요성
5. ② 팬들과 아이돌의 관계

6. ① 민주주의의 역할
7. ① 산업 혁명이 가져온 사회 변화
8. ② 충분한 수면의 중요성
9. ② 독서의 중요성과 그 효과
10. ④ 축구 선수들의 운동량

✎ 글에서 중요한 부분 찾기(연상과 구조화 훈련: 모범 답안)

1.

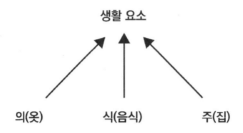

2.

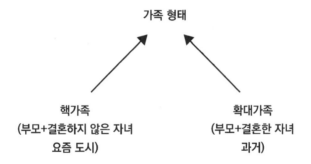

3.

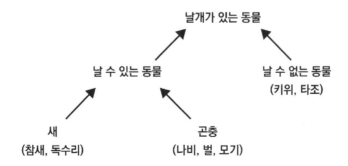

4.

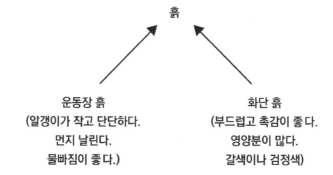

흙

운동장 흙
(알갱이가 작고 단단하다.
먼지 날린다.
물빠짐이 좋다.)

화단 흙
(부드럽고 촉감이 좋다.
영양분이 많다.
갈색이나 검정색)

5.

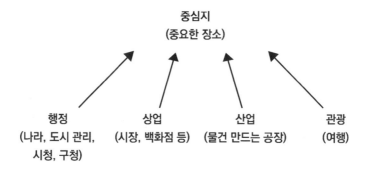

중심지
(중요한 장소)

행정
(나라, 도시 관리,
시청, 구청)

상업
(시장, 백화점 등)

산업
(물건 만드는 공장)

관광
(여행)

6.

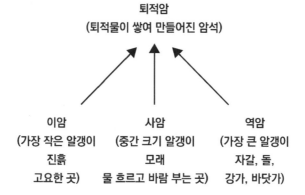

퇴적암
(퇴적물이 쌓여 만들어진 암석)

이암
(가장 작은 알갱이
진흙
고요한 곳)

사암
(중간 크기 알갱이
모래
물 흐르고 바람 부는 곳)

역암
(가장 큰 알갱이
자갈, 돌,
강가, 바닷가)

7.

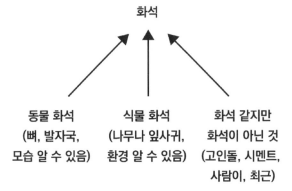

화석

동물 화석
(뼈, 발자국,
모습 알 수 있음)

식물 화석
(나무나 잎사귀,
환경 알 수 있음)

화석 같지만
화석이 아닌 것
(고인돌, 시멘트,
사람이, 최근)

8.

식물
(씨앗에서 자라나고, 열매를 맺는다)

한해살이 식물
(한 해만 산다
강낭콩, 벼, 옥수수 등)

여러해살이 식물
(오랜 기간 산다
개나리, 감나무, 사과나무 등)

9.

자원의 희소성
(자원이 부족)

선택의 문제
(현명한 선택)

10.

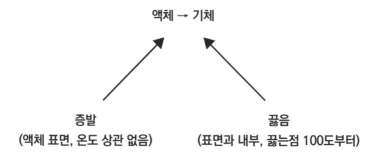

액체 → 기체

증발
(액체 표면, 온도 상관 없음)

끓음
(표면과 내부, 끓는점 100도부터)

11.

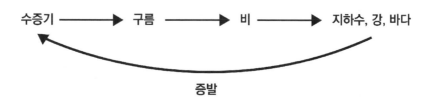

수증기 ⟶ 구름 ⟶ 비 ⟶ 지하수, 강, 바다

증발

12.

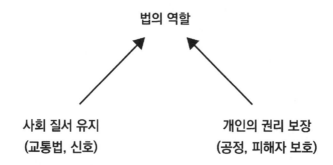

법의 역할

사회 질서 유지
(교통법, 신호)

개인의 권리 보장
(공정, 피해자 보호)

13.

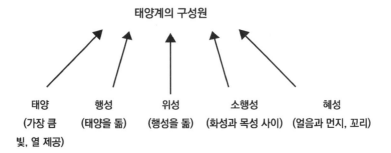

태양계의 구성원

태양	행성	위성	소행성	혜성
(가장 큼	(태양을 돎)	(행성을 돎)	(화성과 목성 사이)	(얼음과 먼지, 꼬리)
빛, 열 제공)				

14.

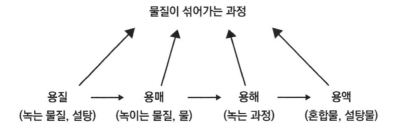

물질이 섞어가는 과정

용질 ⟶ 용매 ⟶ 용해 ⟶ 용액
(녹는 물질, 설탕) (녹이는 물질, 물) (녹는 과정) (혼합물, 설탕물)

15.

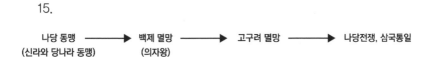

나당 동맹 ⟶ 백제 멸망 ⟶ 고구려 멸망 ⟶ 나당전쟁, 삼국통일
(신라와 당나라 동맹) (의자왕)

16.

북한의 남침 ⟶ 국제 연합군 참전 ⟶ 중국군 개입 ⟶ 휴전협정
(1950.6.25. (인천 상륙 작전) (고착 상태) (1953, 분단상황)
서울 점령)

17.

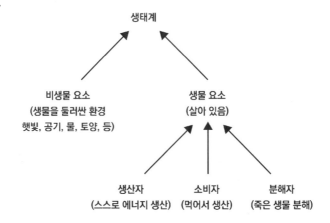

생태계

비생물 요소
(생물을 둘러싼 환경
햇빛, 공기, 물, 토양, 등)

생물 요소
(살아 있음)

생산자
(스스로 에너지 생산)

소비자
(먹어서 생산)

분해자
(죽은 생물 분해)

18.

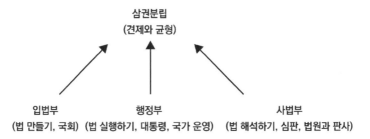

삼권분립
(견제와 균형)

입법부
(법 만들기, 국회)

행정부
(법 실행하기, 대통령, 국가 운영)

사법부
(법 해석하기, 심판, 법원과 판사)

19.

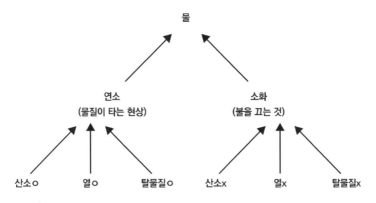

물

연소
(물질이 타는 현상)

소화
(불을 끄는 것)

산소○

열○

탈물질○

산소x

열x

탈물질x

20.

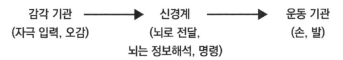

감각 기관 ⟶ 신경계 ⟶ 운동 기관
(자극 입력, 오감)　(뇌로 전달,　(손, 발)
　　　　　　　뇌는 정보해석, 명령)

21.

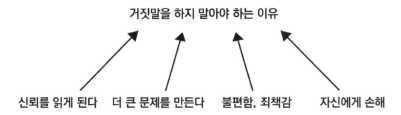

거짓말을 하지 말아야 하는 이유

신뢰를 잃게 된다　더 큰 문제를 만든다　불편함, 죄책감　자신에게 손해

NOTE